KB058449

어른의 교양

어른의 교양

지적이고 독립적인
삶을 위한 생각의 기술

천영준 지음

The Wealth of Nations

Das Kapital

Il Principe

史記

The Theory of Moral Senti

21세기북스

— 지적 독립과 자기 경영을 위한 생각의 기술, '어른의 교양'

자주 그런 생각을 해왔다. '나이를 먹을수록 인생살이가 쉬워져야 하는데, 왜 점점 부담이 커질까.' 남들보다 제법 공부를 오래하면서 나름의 안목과 주관을 가지려고 노력했지만, 쉽지 않았다. 오히려 눈칫밥만 늘어가는 나 자신의 모습을 절절히 느끼게되었다. '그래, 인생은 원래 치사하게 사는 거야.' 책으로 읽고글로 쓰던 이론들과 덕목들은 점점 치열한 현실에 묻히고 멀어져갔다.

그러다 어느 날 우연한 계기로 소크라테스의 삶을 훑어볼 기회가 있었다. 처음에는 그의 사상과 논리를 지식으로 대했다. 하지만 이야기를 파고들수록 고상한 생각과 치사한 인생살이 사이에서 힘겹게 균형을 잡던 한 인간의 힘겨움이 읽혔다. '너 자신을 알라'며 엄하게 훈계하던 성자의 모습은 사라지고 정치적 격랑의 시대를 위태롭게 살던 이의 외로운 모습이 느껴졌다.

그는 진리를 발견하고, 진실을 말하려고 애쓰는 '어른'의 입장에서 아테네인들에게 외쳤다. 하지만 대중은 '집단'의 논리를 더 중시했다. 치사하게 설계된 재판 과정에서 소크라테스는 비참하게 죽어야만 했다. 그와 비슷한 굴곡과 좌절을 안은 존재들도 발견할 수 있었다. 공자, 석가모니, 베케트, 셰익스피어 모두 인간을 위한 행복과 치유를 말하면서도 자신의 삶에 침전된 짜증과 분노를 고통스럽게 견뎌야 했던 사람들이었다.

그들의 거창한 주장보다 삶의 구석구석에서 느꼈던 회한과 눈물이 나에게는 더 절절하게 다가왔다. 갈수록 더 많은 사람들이 '살기 어렵다'고 토로하는 시대이기에, 그들이 나직하게 읊조린 말과 글이 조금은 위로가 되지 않을까 생각했다.

하지만 거장들은 따스한 말이나 감성을 어루만지는 경구로 필자를 대하지 않았다. 오히려 더욱 다부지고 강한 어조로 외쳤다. "너 자신의 생각을 단단하게 만들어서, 그 힘으로 일어서라"고, "누군가의 위로에 의지하는 아이가 아니라 '진짜 어른'이 되라"고.

그들과 직접 대화하는 과정도 순탄치 않았다. 외국인과 말을 나누려면 언어를 배워야 하듯, 원전을 읽기 위해 꾸준히 말 공부를 해야 했다. 공자를 비롯한 동양 사상가들의 삶을 원어로 읽어내기 위해 거의 3년 가까운 시간 동안 학생 생활로 돌아가기도 했다. 거장들은 절대 지름길이나 편법을 허용하지 않고 정신의 허벅다리에 근육을 붙이고 제 길로 정상頂上까지 오라고 요구했다. 그 과정에서 필자는 '진짜 어른이 되려면 어떤 생각이 필요한가' 탐구하게 되었다.

대가들은 끊임없이 정신적으로 독립하려고 애썼던 존재들이다. 그들이 삶의 어둡고 축축한 길을 걸어가며 얻어냈던 삶의 통찰을 '지적 독립'이라는 관점으로 정리해보고 싶었다. 철학, 예술, 역사, 정치, 경제라는 딱딱하고 고답적인 도메인의 지식들을 '삶의 문제 해결'이라는 시각으로 재정의해보려고 했다. 제법 많은 공이 드는 작업이었다.

왜 인문학과 고전 공부를 하는가? 굳이 한마디로 대답하자면, '생각의 기술을 익히기 위해서'다. 조금 더 구체적으로는, '나만의 생각과 행위를 이끌어내는, 스스로 무엇인가를 생산해내는 진정한 어른이 되기 위해서'다.

왜 어른답게 살지 못하는가? 몇 가지 간섭 요인이 있기 때문이다. 우선 자기가 어른이랍시고 어쭙잖은 조언과 지시를 하는 꼰대들이 있다. 그들은 당신의 삶에 개입한다는 사실만으로 쾌감을 느끼거나, 누군가를 돕는다는 이미지만 가져가려는 이율배반적 인간들이다. 결국 당신이 자신의 이해관계에 따르도록 하려는 의도를 품고 끊임없이 위로, 관심, 상담 같은 말로 현혹한다. 이들의 말과 글에 넘어가면 진정한 자기다움이 사라진다.

당신에게 대단한 솔루션이라도 가르쳐줄 것 같이 구는 사람은 사실 당신을 깔고 앉으려는 '가짜 어른'일 수 있음을 자각할 필요가 있다.

우리가 어른이 되지 못하게 하는 또 다른 덫은 의외로 발달한 미디어와 플랫폼의 기술에 있다. 데이터와 통신 기술을 바탕으로 최적화된 알고리즘이 우리에게 매일 맞춤화된 콘텐츠를 추천해준다. 그 길대로 정보를 소비하고 받아들이다 보면 어느새 꽤나 편파적이고 극단적인 자기 자신을 발견하게 된다. 그때 제정신을 차리고 제 길로 돌아와야 한다. 당신의 생각에 만들어진 고속도로를 통해, 주입된 아이디어들이 계속 유통될 수 있기 때문이다.

이제 우리는 저마다 자기 힘으로 살아야 하는 세상에서 나름대로 지적 무기와 갑옷을 탑재하기 위한 여행을 떠날 것이다. 완주할 때쯤에는 우리 모두에게 '어른의 교양'이 자양분으로 남아 있지 않을까 기대해본다. 물론 그것으로 완전히 숙제가 해결된 것은 아니다. 그때부터 더 많은 거장들과, 다양한 방식으로 만나야 한다. 때로는 '빅 매치 팔씨름'을 하고, 때로는 그와 '막걸리 한 잔, 소주 한 잔'을 기울이며 지적 세계를 풍요롭게 할 수 있을 것이다.

이제부터 다 같이 주문을 외자. 우리의 한 페이지에 그들의 영혼과 진심을 불러내기 위해서. 한평생 진하게 살아냈던, 그리고 살아내고 있는 이들이 축적한 '어른의 교양'을 듣기 위해서.

프롤로그 지적 독립과 자기 경영을 위한 생각의 기술, '어른의 교양'　　4

1부 철학 – 어떻게 남과 다르게 깨달을 것인가
: 같은 것을 보고도 본질을 꿰뚫는 판단의 기술

생산적 의심을 훈련하라, 소크라테스　　13

우리는 불편한 것을 통해 성장한다, 헤겔　　19

예측하는 습관이 삶을 바꾼다, 세네카　　26

남의 운명에 자신을 맡기지 말라, 니체　　33

작은 것에 집중하라, 에피쿠로스　　40

스스로 생산한 것만이 진짜다, 석가모니　　47

2부 예술 – 어떻게 남과 다르게 볼 것인가
: 평범함을 아름다움으로 만드는 관점의 기술

창의성은 꾸준한 노력에서 나온다, 바흐　　57

너의 삶이 곧 예술이다, 호크니　　64

평범함을 거부하라, 클림트　　71

배우처럼 생각하고 말하라, 셰익스피어　　78

이방인이 되라, 베케트　　85

필요에 의해 예술하라, 르코르뷔지에　　92

3부 역사 – 어떻게 남과 다르게 극복할 것인가
: 일상의 갈등을 해결하는 되새김의 기술

나만의 흔적을 남겨라, 사마천　　101

갑질에 굴복하지 말라, 루터　　108

평범한 타인의 감정을 무시하지 말라, 로베스피에르　　115

믿음을 끝까지 밀고 가라, 마르크스　　123

미래를 염려하는 습관이 역사를 바꾼다, 베버　　130

독재자는 가짜 일로 망한다, 히틀러　　138

4부 정치 — 어떻게 남의 마음을 얻을 것인가
: 적도 내 편으로 만드는 관계의 기술

여우와 같이 생각하라, 마키아벨리   147

과도한 법과 원칙은 조직을 분열시킨다, 가의   154

사람을 알려면 말하는 방식을 보라, 공자   162

중재자보다 정직한 이웃이 되라, 비스마르크   168

젊은 감각을 배워라, 마크롱   175

실용적으로 생각하라, 블레어   182

5부 경제 — 어떻게 남의 이익과 내 몫을 나눌 것인가
: 자본주의가 낳은 괴물이 되지 않는 경쟁의 기술

덕 없는 부자가 되지 말라, 스미스   191

돈은 비합리적으로 움직인다, 실러   198

손실 회피 성향을 노려라, 카너먼   205

일의 경계를 잘 설정하라, 윌리엄슨   212

경제는 경제학자 말만 들어서는 안 된다, 뒤플로   218

인간은 잘 변하지 않는다는 사실에 주목하라, 노스   224

에필로그 외부 환경에 휘둘리지 않고 나만의 영토를 만들자   230

참고문헌   234

1부

어떻게
남과 다르게
깨달을 것인가

철학

같은 것을 보고도
본질을 꿰뚫는 판단의 기술

釋迦牟尼

Epicouros

Friedrich Wilhelm Nietzsche

Lucius Annaeus Seneca

Georg Hegel

Socrates

Philosophy

생산적 의심을 훈련하라,
소크라테스

우리는 경험한 만큼 세상을 본다. 그리고 나의 경험은 타인의 경험과 본질적으로 같지 않다. 경험이란 그 순간에 느낀 감정, 분위기, 맥락이 모두 섞여서 이루어지기 때문이다. 경험은 철저히 주관적이다.

고대 서양철학자들은 경험의 편파성과 주관성을 벗어나려고 애썼다. 객관적이고 보편적인 관점으로 우리의 삶과 세계를 설명하려고 애썼다. '너 자신을 알라'는 말로 유명한 소크라테스Socrates도 그중 하나였다. 소크라테스는 개인의 경험이 지닌 한계를 명백히 인식한 사람이었다. 소크라테스의 말을 요즘 맥락으로 풀자면 '너의 경험이 지극히 편파적이니 너도 진짜 너의 모습을 모른다'쯤이 될 것이다.

아테네 사회에는 요즘 말로 정말 다양한 유형의 꼰대가 있었다. 정치에 참여한다고 무한한 자긍심을 갖는 꼰대, 민중의 인기를 한 몸에 안았다고 자부하는 꼰대, 얼굴이 잘생겼으니 무조건 자기가 옳다고 우기는 꼰대 등 여러 종류였다.

그중에서도 가장 위력적인 꼰대는 그리스 지역을 돌며 말의 기술을 가르치던 소피스트sophist들이었다. 소피스트의 사전적 의미는 지혜를 가르치는 사람이지만, 그들은 그때그때 임기응변으로 말을 받아치는 기술에 굳이 전통이라는 의미를 부여했다. 그래야만 고액의 수업료를 제자들로부터 받을 수 있었기 때문이다.

너도 너를 모른다

아테네 사회 전반의 분위기도 정말 꼰대스러웠다. 시민들은 오래된 정치, 사회적 관습에 깊게 얽매였다. 스스로 생각하고 고민한 바를 제기하기보다는 집단의 눈치를 봤다. 때로는 미신에 기대어 자신의 이해관계를 강변하는 사람들도 있었다.

아테네는 겉으로는 민주주의 사회였지만 실제로는 다수 여론이 지배하는 도시였다. 정치적 이익은 정의와 진실이라는 단어로 포장되었다. 사회 통념에 벗어나는 사람은 아무리 훌륭하고 옳은 인물이더라도 도편추방陶片追放이라는 시스템을 통해 국외로 쫓겨나야 했다.

소크라테스는 이런 답답한 사회 분위기를 그대로 받아들이거나 인정하지 않았다. 젠체하는 지식인들, 이미 많은 것을 가졌다고 자부하는 사람들을 찾아가서 끊임없이 의심을 제기했다. 아테네 시민들이 제정신을 차리고 저마다 남다른 문제의식을 갖고 살기를 바랐다. '너 자신을 알라'는 말은 이런 맥락에서 나왔다. 너의 판단은 과연 있는 그대로의 현실을 반영한 것인가? 아니면 오랜 세월 동안 주입된 가치와 경험을 재탕, 삼탕하는 것인가?

보통 사람들은 자신의 경험과 집단 기억에 의존해 마구 떠들고, 일이 벌어진 후의 결과에 책임지지 않는다. 그러나 남다른 사고를 할 줄 아는 지성인은 생산적 의심을 할 줄 안다. 진실하게 말하고 행동해야 한다는 책임의식 때문이다.

대화와 산파술

생산적 의심을 연습하려면 어떻게 해야 할까. 꼰대를 만드는 경험의 장벽을 해체하기 위해 내면을 공고히 하려면 어떤 노력이 필요할까. 소크라테스의 해법은 '대화'다. 그와 관련된 대부분의 기록은 제자인 플라톤Platon이나 크세노폰Xenophon과 주고

받은 대화록들이다. 서로가 어떤 가정이나 전제도 없이 솔직하게 주장을 교환하며 진실에 도달하는 것이다. 선생은 학생과 대등한 입장에서 소통하면서도 집중력 있게 대화를 이끌어나가야 한다.

현실에 대해 의심하는 것 못지않게 스스로 깨닫게 하는 과정도 중요하다. 그래서 도입된 것이 '산파술maieutike'이다. 산모가 아이를 낳을 때 산파의 도움을 받고 유도 분만을 하는 것처럼, 지혜와 진리를 발견하는 과정도 적절히 유도되어야 한다.

오늘날 미국의 로스쿨에서는 협상 과정을 가르칠 때 산파술을 이용하고는 한다. 이를 '소크라틱 메소드Socratic method'라고 한다. 영미권 드라마를 보면 법률가가 법조문 이외에도 다양한 증거와 논변을 활용해 상대방의 허를 찌르는 것을 볼 수 있다. 누군가 A라는 주장을 하면 B의 가능성을 제기하며 계속 되묻는 것이다. 이 작업은 매우 논리적인 만큼 상대의 입장에서는 꺼려지는 방식이다. 상대의 허점을 건드리는 질문과 역질문이 계속되면 대부분의 하수들은 견디지 못하고 분노를 발산한다.

하지만 산파술은 정말 값진 과정이다. 사람들은 자신의 주장과 상대의 주장을 오랫동안 비교해보면서 나의 주장에도 어느 정도 약점이 있음을 알게 된다. 소크라테스는 덕德의 문제, 진정한 사랑, 사회 질서의 본질과 관련된 주제들을 모두 제자들과의 유도 분만식 대화를 통해 풀었다.

하지만 질문과 응답을 반복하는 과정은 참여자의 인내심을 필요로 한다. 대화가 계속해서 이어지려면 상대에 대한 깊은 관심과 존중의 마음이 있어야 한다. 고대 그리스 철학자들은 이것을 '티메time'라고 불렀다. 누군가에게 깊이 매료되고, 그가 하는 말과 행동을 가치 있는 것으로 인정하는 감정이다.

이것이 가능하려면 말하는 사람의 자세에 '아레테arete'가 배어 있어야만 한다. 무엇인가를 이루기 위해 최선을 다하는 모습이다. 소크라테스는 대화하는 사람들과 함께 깨달음에 도달하고자 노력했다. 아레테에 대해 제자들은 티메로 보답했다. 대화의 과정에 인격적 겸허함과 차분함이 없었다면, 소크라테스는 그저 그런 철학 교사 내지는 멘토를 흉내 내는 사람 정도에 그쳤을지도 모른다.

스스로를 의심하라

하지만 아테네 시민들은 불편함을 견디지 못했다. 생산적 의심을 받아줄 만큼 내면이 성숙한 사람들이 아니었다. 그들은 겉으로는 토론과 합의, 다양성 같은 것들을 외쳤지만 실제로는 매우 폭력적인 군중이었다.

기존의 가치를 추종하지 말고, 스스로에게 물음을 가지라고 강조하는 소크라테스는 위험인물이었다. 집권자들에게는 지성인들의 신망을 받는 소크라테스가 정치적으로 부담되는 사람이었다. 결국 수백 명이 참가하는 배심원 재판에서 사형을 선고받고 죽을 수밖에 없었다.

오래된 경험을 참된 답이라고 여기지 않고, 끊임없이 의심할 줄 아는 사람들이 이끄는 세상이 되어야 한다. 질문할 줄 아는 사람을 불온하다고 탄압하는 사회에는 희망이 없다. 집단이 만들어낸 '대사'와 '멘트'에 불과한 것을 답으로 여기는 사람은 주체가 아니라 누군가에게 조종당하는 인형일 뿐이다.

경험 운운하며 '나를 따르라'고 신명 나게 떠드는 꼰대들에게 반대로 되물어보자. '너 자신을 아느냐'고. 만일 그가 스스로의 주장을 한 번쯤 돌이킬 줄 아는 사람이라면 그나마도 괜찮은 상대일 것이다. 하지만 의미 있는 의심을 '발칙하다'며 걷어차는 사람이라면 과감하게 그를 손절해야만 한다. 머지않아 그가 당신에게 해를 끼칠 것이기 때문이다. 물론 유념해야 할 것이 있다. 당신도 누군가에게 꼰대가 될 수 있다.

우리는 불편한 것을 통해 성장한다,
헤겔

인간은 갈등하는 존재다. 남과 갈등하고, 자신의 또 다른 모습과 갈등한다. 모든 상황을 있는 그대로만 받아들이는 삶은 무색무취하다. 나를 부당하게 대하는 누군가에게 제대로 항의해보지도 못하는 인생은 비굴하다. 생존과 성공을 빌미로 세상과 환경에 순응하려는 자신에게, 욕망을 향해 뒤돌아보지 않고 앞으로만 나가려는 자신에게, 스스로 딴지 놓지 못하는 인간도 비겁하다.

인생은 재봉선 하나 없는 비단결 같은 모습으로 구현되지 않는다. 갖가지 모순과 불편함으로 빚어진 모자이크가 우리가 마주하는 인생의 실제다. 그래서 우리는 타인과 자신과의 갈등을 부정하거나 억누르지 말고 잘 활용해야 한다. 철학자 헤겔Georg Wilhelm Friedrich Hegel은 '갈등과 모순이 삶의 본질'이라고 했다.

중고등학교 윤리 교과서에는 변증법이라는 개념이 등장한다. 무엇인가를 긍정하고 제시하는 단계[正], 여기에 반대되는 논리가 전개되는 단계[反], 그리고 긍정 방향과 부정 방향 간의 기묘한 만남이 생기는 단계[合]가 순차적으로 전개되는 과정을 가리킨다.

헤겔 이전까지의 사상가들은 역사와 사회가 단선적으로 발전한다고 주장했다. 기독교의 영향으로 창조부터 세상의 종말까지 절대자의 목적에 따라 시간이 흐른다고 호소하기도 했다. 또 인간의 일관성과 동일성을 중시하며 선인은 선하게, 악인은 악하게 사는 방식을 확고하게 유지할 것이라고 믿었다. 평범한 사람과 야망을 가진 사람의 범주도 명확히 구분했다. 그 전형에서 벗어나거나 어설프게 경계선상에 놓인 존재들은 돌연변이 또는 미치광이 취급을 당했다.

하지만 헤겔이 보기에는 거의 대부분의 사람이 상호 모순적이고 갈등적인 행동, 감정, 판단력을 자기 안에 갖추고 있었다. 인간은 언제나 동일하고 규칙적인 자아를 가진 존재가 아니라 때와 장소에 따라 매우 다른 형태의 모습들이 나타날 수 있는 존재였다. 이전까지 인간과 사회를 매우 획일적으로 해석하던 시선들은 헤겔에게 맹렬한 비판의 대상이 되었다.

헤겔은 삶과 역사를 변화 그 자체라고 보았다. 한 방향으로 가는 에너지 외에도 반대 방향으로 튀는 에너지가 있어야 살아 숨 쉬는 역사가 된다. 이를 위해서는 통일보다는 분열이, 조화보다는 파편화된 상태가 오히려 사람과 사회를 더 쉽게 변화시키는 원동력이 될 수 있다.

10대 중후반에 겪는 사춘기는 성인이 된 후 더욱 균형 잡힌 사고와 행동을 할 수 있는 밑거름 역할을 한다. 이때 심적 방황과 갈등을 과하게 억누르면 나이가 들어 늦은 사춘기를 겪으며 더 큰 일탈을 경험하기도 한다. 가끔은 마음이 정상 궤도를 벗어나 이리저리 방황하는 과정을 겪어봐야 더 나은 삶을 살 수 있는 것이다. 헤겔은 분열과 방황이야말로 '철학으로의 욕구가 생겨나는 원천'이라고 주장했다.

분열과 불편은 자유의 또 다른 말이기도 하다. 헤겔은 유교적 군주가 지배하던 당시 동양 사회를 정체停滯된 공간이라고 말했다. 왕 중심의 질서가 설정한 덕과 아름다움, 태평스러움과 같이 온화한 덕목들만 강조되는 곳에서는 변화와 진보가 불가능하다는 것이다. 안정과 균형만 추구하게 되면 분열을 통해 맛볼 수 있는 자유로운 사고가 작동하기 어려워진다.

군사정권 시절 교육의 방향성을 제시한 '국민교육헌장國民敎育憲章'은 개인의 창조성과 기존 질서로부터의 일탈을 억압하던 당시 사회의 분위기를 짐작하게 한다. '타고난 저마다의 소질을 계발하고, 우리의 처지를 약진의 발판으로 삼아, 창조의 힘과 개척의 정신을 기른다'고 주장했지만, 이것은 어디까지나 '경애와 신의에 뿌리박은 상부상조의 전통을 이어받아, 명랑하고 따뜻한 협동정신을 북돋'우는 것을 전제하고서만 가능한 일이었다.

정해진 틀을 벗어나 거칠게 자기주장을 하는 인간상은 어디에서도 찾아볼 수 없다. 다소 편파적이지만 서양을 '분열과 불편, 모순을 통한 자유가 인정되는 사회'로, 동양을 '제도가 있어도 개인의 자유는 없는 사회'로 묘사한 헤겔의 입장도 어느 정도 이해가 된다. 그만큼 우리는 모순과 갈등을 억누르고 두려워해왔기 때문이다.

우리가 열심히 사는 이유는 '인정'

인간이 온갖 불안과 분열을 감수하며 열심히 사는 이유는 무엇일까. 큰 대가를 치르면서도 자유를 쟁취하도록 하는 원동력은 무엇일까. 바로 '인정Anerkennung' 때문이다. 헤겔은 이를 '인간과 인간의 관계를 통해 개인이 자신을 의식하는 과정에서 생겨난 욕구를 관계 안에서 실현하려는 의지로 바꾸는 것'이라고 거창하게 설명한다.

쉽게 풀면, 나와 남을 구별하는 과정에서 분명하게 자신의 욕망을 인식하고, 그것을 능동적으로 실천하고자 하는 것이다. 혈연과 무조건적 신뢰로 묶여 있는 가족 관계에서는 '자연적 인정'이 가능하지만, 사회에서는 자신의 가치와 지위를 드러내기 위한 '사생결단의 투쟁'이 벌어진다. 헤겔은 자신이 갖고 있는 의지를 관계 속에서 인정받으려는 욕구가 사회 발전의 밑거름이라고 여겼다.

자유가 없는 사회에서는 인정의 가치가 제대로 드러나지 않는다. 주인과 노예의 관계를 들여다보자. 노예는 자신이 성심성의껏 노동한 결과를 주인에게 제대로 인정받지 못한다. 주인도 마찬가지다. 직접 할 일을 남에게 맡겨버림으로써 자기 능력을 입증할 기회를 놓쳐버린다.

따라서 헤겔은 법 제도를 통해 만인의 평등과 자유를 보장하는 것만이 인간이 인정이라는 원초적 욕구를 실현할 수 있는 밑바탕이라고 보았다. 그런 의미에서 민주주의 제도는 우리가 타자와의 갈등과 분열, 모순을 기꺼이 인정하고 그 에너지를 새로운 아이디어의 계기로 삼도록 돕는 역할을 한다.

있는 그대로의 사물이 아니라 '개념'을 본다

헤겔은 기성 철학자들의 오만한 시각을 비판하기도 했다. 당시 유럽의 사상가들은 인간이 사물과 세계를 있는 그대로 인식할 수 있다고 주장했다. 이른바 객관주의다. 선배 사상가인 칸트Immanuel Kant는 철학자를 끊임없이 세상을 탐구하며 이성의 원리로 조합된 사물의 진실을 밝히는 사람이라고 했지만, 헤겔은 그조차도 오만이라고 여겼다. '인간은 어차피 보고 싶은 대로 보는 존재'라는 것이다.

지성인들은 있는 그대로의 현상을 보는 것이 아니라 '개념'을 본다. 어딘가에서 한 번쯤 들어본 풍월, 책으로 익힌 이론 등이 얽히고설켜 그들이 세상을 인식하는 틀이 된다. 그리고 그 틀을 통해 얻은 지적 우월감으로 남을 가르치고 이끌려고 한다. 그래서 배운 사람일수록, 전문 분야가 있는 사람일수록 스스로 더 많은 편견과 아집에 싸여 있음을 인정하고 살아야 한다.

흔히 '학자풍의 정치인' '학자형 리더'라고 하는 사람들이 왜 결국 실패하는지 아는가. 그들이 책으로 본 세상과 현실이 너무도 다르다는 사실을 견디지 못하고 인지 부조화의 상태에 빠져버리기 때문이다. 대개는 자기만의 믿음을 더욱 강하게 품으며, 남들이 전혀 지지하지 않는 방향으로 튀어버리곤 한다. 그게 아니면 아예 자포자기하기도 한다. 상당수는 끊임없이 환경 탓을 하며 '한국 수준이 그 정도'라는 어처구니없는 결론을 내린다. 그런 식으로는 어디에서도 변화를 주도하지 못한다는 것을 알고나 있을까.

헤겔이 '반反'을 강조하는 이유가 그것이다. 우리가 기대하고 예측하는 것과 정반대의 시나리오가 펼쳐질 수도 있음을 항상 염두에 두라는 것이다.

　온 인류가 믿고 의지하던 법칙도 환경이 바뀌면 지극히 주관적인 믿음으로 전락하는 세상이다. 누군가를 책임지고 있거나 앞장서서 이끄는 사람일수록 의사결정 과정에 '불편한 시선'을 껴안을 필요가 있다. 그리고 인간은 언제든지 모순적인 행동을 할 수 있는 존재임을 받아들여야 한다. 항상 일관성을 지키려는 사람, 순수성을 지키려는 사람이 큰 사고를 치는 경우를 종종 본다. 대부분 이유가 비슷하다. 언제나 자기 주변과 세상이 변증법적으로 바뀔 수 있음을 받아들이지 못하는 존재들이기 때문이다.

예측하는 습관이 삶을 바꾼다, 세네카

한 치 앞을 못 보는 것이 사람이다. 우리는 단 5분 뒤에 벌어질 상황도 결코 알 수 없다. 미래를 예상해 복권에 당첨되거나 금융 수익을 누리는 일이 왜 '만화'에 그칠까. 인간 예측의 한계 때문이다. 독실한 종교인이 용하다는 무당을 찾아가는 경우도 같은 이유일 것이다. 만약 그가 국가적 책임을 진 사람이라면, 더더욱 누군가의 힘을 빌어서라도 미래의 일을 알아내야만 할지도 모른다. 1990년대까지만 해도 '몇 날 몇 시에 신자들이 함께 하늘로 승천할 것'이라던 종교가 있었다. 그러나 그들의 열렬한 합심 기도는 하늘에 닿지 못한 채, 종종 집단 사망이라는 최악의 결론으로 끝나고는 했다.

로마 제정 시대의 철학자 세네카Lucius Annaeus Seneca는 인간의 미래안未來眼에 대해 재미있는 말을 남겼다. 살아가면서 무슨 일이 일어날까 봐 염려된다면, 차라리 '그 일이 벌어질 것'이라고 미리 염두에 두라는 것이다.

내가 하는 모든 일이 다 잘될 거라고 애써 희망을 갖는 것은 몹시 위험하다. 진짜 불행에 닥쳤을 때 도저히 견디기 힘든 '멘붕'에 사로잡힐 수 있기 때문이다. 차라리 인간은 낙관보다는 비관을 연습해야 한다. 환상에 도취되는 것보다는 건설적인 비관과 대비가 훨씬 건강하다.

인생을 경영하는 데에 필요한 전략적 비관주의

세네카는 산전수전을 다 겪은 철학자였다. 30대 중반에 공주 율리아 리빌라Julia Livilla와의 간통 혐의를 뒤집어쓰고 관직에서 추방된 경험을 갖고 있었다. 해명할 만한 근거는 많았지만 클라우디우스 황제Claudius Caesar Drusus Germanicus는 세네카의 소명을 받아들이지 않았다. 절대적 절망의 순간이었다.

약 8년간 섬에서 유배 생활을 해야 했던 세네카는 '위안Consolation'이라는 제목의 글을 썼다. 사회적 실패와 좌절의 한가운데에서도 누군가를 위로하고 스스로 사색하는 힘을 갖고 있었던 것이다. 어떻게 이런 일이 가능했을까. 그가 오랫동안 유지했던 스토아Stoa 철학의 믿음 덕분이었다.

자연과 이성의 힘을 탐구하던 고대 그리스의 사상인 스토아 철학은 인간의 삶을 매우 건조하게 바라보았다. 대부분의 불행한 일은 인간의 의지 바깥에 있는 사건들이다. 따라서 자력으로 해결할 수 없는 일들에 대해서는 '잘 안 될 것'이라고 예측하는 편이 낫다. 예상을 뛰어넘어 일이 잘되면 다행이고, 예감했던 대로 문제가 터져도 충분히 마음의 평정을 유지할 수 있기 때문이다.

역으로 자기 삶이 언제든 좋은 방향으로 흘러갈 것이라고 믿는 사람들은 '긍정의 배신'을 당하기 쉽다. 불행은 정면으로 닥치기만 하는 것이 아니라 행복과 성공의 틈새에서 가스처럼 밀려 나오기도 하는 존재이기 때문이다. 열심히 살았는데 실패하는 이유를 모르겠다거나 노력과 의지를 받아주지 못하는 세상이 잘못되었다며 한탄하는 사람들 대부분은 건강한 비관 능력이 부족한 사람들이다.

조증躁症이 있는 사람들은 부정적 상황을 갑작스럽게 겪은 후 대체로 쉽게 무너진다. 성공 신화의 주인공이었던 대기업 창업주들이 예상 밖의 경제적 위기를 겪고 인간성까지 망가져버린 사례도 종종 있었다. 그리스와 로마의 사상가들은 이런 종류의 인간을 가리켜 오만한 존재라고 했다.

비관이 지나치면 우울증이 되지만, 적절한 수준의 전략적 비관주의는 차분함, 겸손함, 합리성과 같은 미덕들을 낳는다. 위기를 때에 따라 들어오는 밀물처럼 담담히 받아들일 수 있는 지혜도 생긴다. 멘털 붕괴 상태를 자주 경험하는 사람이라면 과연 자신의 인생관이 지나치게 긍정론 위주는 아닌지 재점검해보아야 한다.

하지만 실패를 두려워하며 걱정만 하는 것도 올바른 자세가 아니다. 세네카는 그들을 가리켜 '존재를 똑바로 이해하지 못한 사람'이라고 말했다. 불안과 공포에 시달려 바싹 얼어버리는 존재들이다. 반면 전략적 비관 예측이 가능한 이들은 '감옥조차도 충분히 견딜 수 있다'고 했다. 또 우리는 예상과 다른 사건에 직면했을 때 너무 심하게 화를 내서도 안 된다. 그만큼 우리가 삶을 침착하지 않게 살고 있다는 증거가 되기 때문이다.

운명의 여신을 상대하는 예측 명상

세네카를 비롯한 로마인들은 운명의 여신 '포르투나Fortuna'의 존재를 믿었다. 이 여신은 매우 변덕스럽고 알기 어려운 존재였다. 행복한 가운데에서도 갑자기 밀어닥치는 인간의 불행을 설명하기 위해서는, 운을 주재하는 여신 또한 몹시 불안정한 인격을 가져야만 했다. 특히 부와 명예를 한꺼번에 거머쥔 사람일수록, 포르투나의 공격을 받기 쉽다는 것이 로마인들의 생각이었다.

세네카는 '매일 아침, 포르투나가 당신을 엄습할 것이라는 마음의 준비를 하라'고 주문했다. 부정적인 사건이 일어날 수 있음을 충분히 예상하고, 그 일이 생겼을 때 지나치게 상처받지 말라는 것이다. 물론 행복을 예상하는 것만큼 불행을 연습하는 것도 쉬운 일은 아니다.

하지만 스토아학파 철학자들은 인간은 나락으로 떨어지더라도 균형감을 유지해야 한다고 믿었다. '아무리 당황스럽고 화가 나더라도 또 살아서 견뎌내야만 한다'는 것이다. 내 삶에 밀어닥칠 수 있는 고통과 시련, 최악의 순간을 미리 생각하며 그 순간을 겁내지 않기로 다짐하는 과정을 '프라이메디타티오 praemeditatio', 즉 '예측 명상'이라고 한다. 영어로는 '프리메디테이션premeditation'이라 부른다.

세네카를 비롯한 스토아학파 철학자들은 '인간이 우주의 일부에 지나지 않는 존재'임을 설파했다. 인간을 만물의 영장이라고 하고 역사의 주체라고도 하지만, 굳이 평가절하하자면 다양한 물질을 생물학적으로 조합한 존재일 수도 있다. '재에서 재로, 흙에서 흙으로' 돌아가듯이 말이다. 영국 성공회에서 장례를 지낼 때 망자를 위로하기 위해 쓰이는 기도문 구절이다.

물론 인간 생명이 소중하지 않다는 말은 아니다. 세네카는 인간의 삶 자체에서 균형과 합리가 중요하듯이 우리가 자연과 세계의 일부가 되어서도 '전全 우주적 안정감'에 기여해야 한다고 믿었다. 그렇다면 인생의 한순간에 밀어닥친 불행을 찰나의 사건으로 취급해버릴 수 있는 것이다.

고통의 순간을 극단적 쾌락이나 생명을 끊는 일 따위로 외면해서도 안 된다. 저마다의 인생에 깃들어 있는 우주적 균형을 참혹하게 깨뜨리는 일이기 때문이다. 갑작스런 충격에 삶의 전선을 무너뜨리지 않으려면 평소에 '프라이메디타티오'를 습관화할 필요가 있다.

그래도 인생이다

"네가 아무것도 아니라고 생각하면 아무것도 아니야." 한때 많은 사람의 '인생드라마'로 손꼽히던 tvN 드라마 〈아저씨〉의 대사다. 세네카가 삶의 마지막에서 어떻게 우주적 균형을 실천했는지를 되돌아보게 하는 말이다.

그는 자신을 미워했던 클라우디우스 황제의 뜻을 거슬러 제자였던 네로Nero Claudius Caesar Augustus Germanicus를 후계자 지위에 올려놓았다. 하지만 네로는 독재와 폭정을 반복한 끝에 스승이자 섭정이었던 세네카에게 사형을 선고했다. 철학자는 사약을 가져오는 근위대장에게 인사를 건네고서는 아무 일도 아니라고 가족들에게 말했다고 한다.

이쯤에서 돌이켜보자. 그간 세상의 변화에 적응하기만 하며 허겁지겁 살아온 것은 아닌가? 나 스스로 어떤 상황을 만들어본 적은 없지 않은가? 만일 그렇다면, 당신에게 예측의 미덕이 부족한 것이다. 그리고 손실에 대한 두려움이 있기 때문이다. 이는 앞날을 생각하고 묵상할 능력이 없어서가 아니다. 습관으로 단련되지 않았기 때문이다. 또한 내 삶에 크든 작든 불행이 닥치지 않기를 바라는 강박이 너무 크기 때문이다.

부정적인 사건으로 마음이 너무 많이 다치지 않으려면, 적당한 심성 근육의 훈련과 함께 전략적 비관의 기술이 필요하다. 잘 안 될 수 있지만, 그래도 인생이니까 살아보자는 자세랄까. 우리 자신을 불안으로부터 해방시킬 수 있는 몇 안 되는 방책이다.

남의 운명에 자신을 맡기지 말라,
니체

우리는 의존적인 존재다. 살면서 대처하기 어려운 일이 생기면 권위 있는 누군가를 찾아가 상담이나 조력을 부탁한다. 그들이 내 입장을 완전히 이해하기 어렵다 하더라도 말이다. 누구나 자기 이야기를 남이 들어주었다는 것만으로도 충분히 위로를 받고 마음이 든든해짐을 느낀다. 하지만 대부분의 문제는 타인이 대신해서 풀어줄 수 없는 것들이다. 당사자 스스로 답을 내놓아야만 한다. 다른 사람의 생각과 이해관계가 내 인생에서 너무 큰 영향력을 발휘하게 내버려둬서는 안 된다.

철학자 니체Friedrich Wilhelm Nietzsche는 '자신의 운명을 남에게 맡기는 자는 노예와 같다'고 말했다. 독실한 기독교인 가정에서 태어난 그가 '신은 죽었다'고 외친 것은 초월적인 신의 존재와 가치를 부인한 것이 아니었다. 사회와 체제, 전통 종교의 테두리 안에서 기계적으로 정의된 믿음에 의지해 살아가는 사람들을 향한 경고였다.

특히 니체는 예수의 삶을 신앙인의 일상생활을 통해 실천하고 증거하기보다는 사회 문화 권력으로 자리매김한 기독교에 대해 반감이 많았다. 그는 '세상에서 참된 그리스도인은 예수 하나였다'며 '그가 죽은 뒤 기독교도 그 가치를 잃었다'고 주장했다. 이것은 스스로 신과의 관계를 고민하며 양심적으로 살아가지 못하고, 자꾸만 권력과 조직의 논리에 현세와 내세를 맡겨버리는 사람들을 꾸짖는 메시지이기도 했다.

일단 자신을 긍정하라, 디오니소스처럼

자기 삶의 온전한 주인으로 살아가는 자는 과연 누구일까. 니체는 디오니소스Dionysos라는 신을 모범 사례로 꼽는다. 그는 그리스 신화에서 지성과 이성의 신으로 불리는 아폴론Apollon과 정반대에 위치한 존재다. 쾌락, 파괴, 광기를 일삼는 자가 바로 디오니소스다.

아폴론은 여러 인간과 신들로부터 존경받고 아름다운 존재로 칭송되지만, 디오니소스는 걸핏하면 남과 싸우고 언성을 높이는 존재다. 끝내 거인들에게 찢겨 죽는 불행한 존재이기도 하다. 제우스Zeus의 부인 헤라Hera가 불어넣은 광기 때문에 항상 술에 취해 소아시아 전역을 유랑해야 했던 그를 그리스인들은 포도주와 축제의 상징으로 기념했다. 왠지 모르게 흥분해 있고 들뜬 상태를 가리켜 '디오니소스적'이라고 표현하는 이유다.

디오니소스는 이성과 합리와 거리가 멀었다. 광적인 쾌락에 열중하는 존재였다. 모든 신들과 사람들은 그의 불행을 무시하고 외면했다. 오직 자비의 여신 레아Rhea만이 비밀의식을 통해 디오니소스가 제정신을 차리고 살 수 있도록 도왔다. 이처럼 기구하고 불안한 삶도 과연 의미가 있을까. 슬픔과 고통으로 얼룩진 삶이라도 살아갈 이유가 있을까.

니체는 디오니소스의 자세에서 실마리를 찾는다. 그는 엄청난 파괴와 몰락을 앞두고도 모든 과정을 삶의 한 장면들로 받아들인다. 쓰디쓴 잔을 계속해서 들이켜야만 하는 인생이지만 죽지 않고 살아 있다는 것 자체를 감사하게 여긴다. 또 자기 삶의 주인은 오직 자신이기에 그 누구에게도 굴복하지 않는다. 환경에 종속되지 않는 것이다. 사회의 통념, 계율, 제재로부터도 완전히 해방되어 있다. 비탄과 분노의 감정이 자아를 잠식하게 내버려두지도 않는다.

로마인들은 디오니소스를 가리켜 '리베르 파테르Liber Pater', 즉 '자유의 아버지'라고 불렀다. 니체식으로 표현하자면 '초인Übermensch'이다. 무엇인가를 뛰어넘은 사람인 것이다. 초인은 고통까지도 긍정할 수 있는 힘을 통해 불행이 참다운 나의 가치를 압도하지 못하게 한다.

상승욕에 취해 표류하는 운명이 되지 말라

'뛰어넘은 자'가 되려면 어떻게 해야 할까. 니체는 '인간이 신에 가까운 존재가 될 수 있음에도 불구하고 스스로 신을 죽였다'고 주장한다. 우리 안의 초월성과 절대성을 향한 에너지를 온갖 통념과 상식, 규제를 통해 억누르고 외면해왔다는 것이다.

종교는 인간이 낡은 문명과 제도의 굴레에 속박되어 있는 가장 큰 원인 중 하나다. 절대자가 부여한 질서를 전하는 채널인 듯하지만, 사실은 권력자의 이해관계와 관심사에 맞게 정리된 체계인 것이다. 국민 다수가 믿는 종교는 국교國敎가 된다.

굳이 신앙의 모습이 아니더라도 종교만큼의 위력을 발휘하는 제도는 꽤 많다. 교육을 출세의 통로로 보는 시각이 대표적이다. 성공과 성적을 일차원적으로 연관 짓는 믿음, 물질에 관한 경쟁적인 가치관도 충분히 종교적 역할을 할 수 있다. 진짜 무엇인가를 배우거나 체득하기 위해서가 아니라 단순히 지위를 얻기 위해 노력하는 것이다. 이 경지를 가리켜 니체는 '원숭이보다 더 원숭이 같은 형태'라고 말한다. 끊임없이 돈과 권력만을 추구하는 상태다. 그리고 애써 노력해 얻은 것을 통해 실현하고자 하는 가치, 철학, 삶의 방향성 따위는 없는 매우 졸속한 모습이다.

끊임없는 상승욕은 온전한 자신의 욕망이 아니다. 타인과 나의 비교를 통해 만들어진 상대적 욕망이기 때문이다. 인간은 남으로부터 영향을 받으며 관계를 통해 성장하는 존재이지만, 타인과의 비교와 연결, 경쟁에 함몰되면 매우 추악하고 볼품없어지는 존재이기도 하다. 누구든지 그 상태에 놓일 수 있고, 그 과정을 '열심히 사는 것'으로 착각해버릴 수도 있다.

상승욕을 성취와 동일시하는 오류를 범하지 않으려면 끊임없이 스스로를 변화시키려고 노력해야 한다. 그렇지 않으면 금세 '인간 말종Der letzte Mensch'이 되어버린다. 우리는 끊임없이 반복해서 물어야 한다. 나는 스스로 문제를 정의하고, 가치를 정립하려는 의지와 힘이 있는가? 일체의 가식이나 허위를 거부하고 나의 근본 욕구만 바라볼 자신이 있는가? 니체의 평생 친구였던 작곡가 바그너Wilhelm Richard Wagner도 참된 자신, 자유인이 되는 길을 포기하고 정치·경제적 성공의 길로 빠져버렸다.

비굴한 '인싸'보다는 주도적인 '아싸'가 되라

상승욕에 취한 사람은 그만큼 열등감과 편집증에 깊게 빠진다. 남과의 관계를 통해서만 자신의 가치가 드러나는 사람이기 때문이다. 끊임없이 인정을 갈구하고 관심을 원하지만, 사람들은 의외로 타인에게 별로 긍정적이지 않다. 그래서 우리는 자신의 삶에 직접 '명령을 내리고 창조하는' 행위를 감수해야만 한다. 남이 내 삶을 좌지우지하려는 시도를 과감하게 거부하고 맞서 싸울 줄 알아야 한다.

싸움은 누군가와 갈등을 빚거나 사회적인 억압에 대항할 때만 하는 것이 아니다. 그럴듯한 권위로 포장된 조언, 달콤한 회유와 기교 어린 설득으로 동화되길 원하는 대상과도 가열찬 투쟁을 벌여야 한다. 오늘날에는 우리에 대해 너무 많은 것을 알고 있고, 많은 것을 제공해주는 척하면서 다양한 요구를 하는 인터넷 알고리즘과도 갈등해야 할지 모른다.

니체에 의하면 초인을 초인답게 해주는 것은 무엇보다 '고귀한 도덕'이다. 전통 사회가 강제했거나 자신을 포장하기 위해 택하는 '노예의 도덕'이 아니라, 이상을 위해 스스로를 원칙에 복종시키는 책임의식이다. 또한 진정한 초인은 해야 할 것과 하지 말아야 할 것을 구분할 줄 안다. 그 과정에서 작동하는 것이 '힘에의 의지Der Wille zur Macht'다. 남에게 내 운명을 맡기지 않고, 자기 뜻대로 살려는 노력이다. 정말 힘들지만 내 삶의 주인이 되기 위해 반드시 필요한 덕목들이다.

복잡한 현대사회에서 나다움을 유지하기 위해서는 나름의 투쟁이 필요하다. 행동뿐만 아니라 선호와 관심마저도 사회적으로 만들어낼 수 있는 세상에서 진정한 나로서 사는 일은 여간 어려운 것이 아니다. 나만의 판단보다는 남들이 그럴 법하다고 여기는 판단과 의사결정을 더 우월하게 여기는 분위기도 한몫 한다. 니체는 남의 인정을 갈구하느라 비굴해진 '인싸'로 사느 니 과감하게 '아싸'가 되라고 주문한다. '아싸'도 제대로 하면 아 무도 무시하지 못할 영향력이 생긴다. 그것이 바로 초인의 힘이 고 능력이다.

작은 것에 집중하라,
에피쿠로스

고등학교 『윤리와 사상』 교과서를 읽어본 사람이면 들어봤을 법한 구절이 있다. '스토아학파는 금욕과 절제를 추구하고, 에피쿠로스학파는 쾌락을 강조했다.' 이는 대입 수능 시험 문제를 풀 때까지 '바이블'처럼 통한다. 그러나 대학 철학 수업에서는 전혀 새로운 이야기를 듣게 된다. 스토아학파 중에는 키케로Marcus Tullius Cicero와 같은 부동산 부자나 고리대금업자였던 세네카, 무소불위의 로마 황제 아우렐리우스Marcus Aurelius도 있었다거나 에피쿠로스Epicouros 본인은 과도한 쾌락의 추구를 경계했다는 내용이다.

고등학교 때까지 배워온 개념으로는 이해가 되지 않는 진술이다. 그래서 이 논란을 수습하려면, 에피쿠로스라는 철학자의 실제 삶을 들여다봐야 한다. 그리고 철학자가 말한 '쾌락'의 진의를 우리가 착각하고 있는 것은 아닌지 되짚어봐야 한다.

에피쿠로스는 소크라테스나 플라톤이 활약하던 시대보다 80여 년 뒤에 태어나 활동했던 인물이다. 그는 당시 유력한 사상가들과 달리 순수 아테네 시민이 아니라 소아시아 출신의 이민자였다. '비주류'였던 것이다. 당시는 철학을 배우거나 논하려면 보통 대가가 차린 학당에 드나들거나, 귀족들과의 빈번한 소통을 통해 사회적 평판을 쌓아야만 했다. 하지만 에피쿠로스는 플라톤의 학문적 계보를 잇는 사람에게 잠깐 철학을 배운 것 이외에는 이렇다 할 만한 '족보'를 갖추지 못했다.

에피쿠로스는 아테네 지성계의 비주류라는 점을 감수하고 여러 차례 학당을 차리려고 애쓰다가 도시 외곽 지역에 '정원'이라는 자그마한 문화 공간을 열었다. 그리고 그곳에서 거창한 사상이나 수학과 같은 고등 학문이 아니라 '살아가는 법'에 대해 가르친다고 홍보했다.

에피쿠로스 정원에는 귀족 자제들뿐만 아니라 교사, 장인, 심지어 당시로서는 철저히 '하부 계층'으로 분류되던 외국인, 여성, 상층 노예가 드나들었다. 미망인들도 자유롭게 토론에 참가할 수 있었기 때문에 뒷말하기 좋아하는 아테네 시민 사회에서는 금방 가짜 뉴스가 퍼졌다. 정원에서는 집단으로 미약媚藥을 복용한다는 둥, 창녀들과 편지를 주고받으며 쾌락을 추구하는 사특한 집단이라는 등의 소문이 확산되었다. 소크라테스를 죽음에까지 이르게 했던 아테네인들의 음해는 에피쿠로스에게도 예외는 아니었다. 하지만 철학자는 별로 겁내지 않았다.

작은 것이 아름답다

에피쿠로스는 바쁘게 살아가는 사람들이 으레 간과하는 '작은 것'들에 집중하는 철학자였다. 가령 치즈 한 덩이에 감사할 줄 아는 마음, 아름다운 것들을 바라보며 즐거움에 잠긴 자신을 사랑하는 감정과 같은 것들 말이다.

또 극단적 쾌락을 주장한 것처럼 오해한 세간의 이해와 달리 '아타락시아ataraxia'를 강조했다. 아마 문언 그대로 '쾌락'이라기보다는 정신적 평정으로부터 오는 잔잔한 기쁨이라고 설명하는 것이 옳을지도 모르겠다. 이런 잔잔한 기쁨을 누릴 수 있도록 하는 모든 순간에 고마움을 표하고 남들에게도 그것을 나누어주는 것이 에피쿠로스가 지향하는 가치였다.

'우정'은 작은 것에 감사하는 삶을 구현하기 위해 가장 중요한 덕목이다. 아테네 사회는 말과 정치가 발달한 공간이었다. 자신의 이익과 야망을 대변하기 위해 온갖 논리와 사변을 동원해 주장하고 방어하는 기술이 넘쳐났다. 심지어는 강국 스파르타에 나라를 팔아넘기고, 반대하는 자들을 공격하기 위한 담론까지 생길 정도였다. 상대를 이용하기 위한 기술은 설득의 수사학으로 포장되었다. 궤변이 토론으로 둔갑하는 도시에서 어제의 친구가 경쟁자나 정적으로 돌변하고, 탄압의 대상으로 변질되고는 했다.

제아무리 민주의 여신 데모크라티아Demokratia나 화합의 여신 콩코르디아Concordia를 섬긴다고 해도, 분열과 비난은 나라가 망할 때까지 버리지 못한 아테네인들의 '주전공主專攻'이었다. 그만큼 가식과 배신, 전략적인 관계 이용이 일상화되어 있었다.

이런 풍조에 대해 에피쿠로스는 『쾌락』에서 '항상 도움을 청하는 친구들은 친구가 아니다'라고 꼬집었다. 도움을 바라는 이들은 관계를 항상 대가성으로 변질시키기 때문이다. '도움을 우정과 결부 짓지 않는 사람'들도 비판했다. 그들은 인간관계의 즐거움, 미래의 희망 같은 것들을 파괴하기 때문이다.

에피쿠로스는 우정이 가장 중요한 이유가 그 자체로 매우 본질적이고 본능적인 공동체이기 때문이라고 했다. '먹고 마시는 것 자체보다는 누구와 어떻게 먹고 마시느냐가 중요하다'고 하며 인맥 확장을 위해 부자나 귀족과 다양하게 어울리는 것을 꼬집기도 했다. 오히려 관계의 질과 지속가능성을 중심으로 얼마나 건강한 우정이 유지되고 있는지 진단해야 한다고 지적했다.

삶에서 우정을 진정으로 실현하기 위해서는 관계의 평등성을 지향해야만 한다. 상대방이 부유하든, 가난하든, 사회적 지위가 높든 낮든 간에 동일한 이성과 감정을 가진 사람이라고 보고 대할 수 있어야 한다. 하지만 당시 아테네 사회는 인간을 향한 평가 지표가 상당히 복잡하고 다양했다. 나보다 잘난 사람은 끊임없이 시기 질투해서 도편추방하고, 못난 사람은 아무리 노력해도 '리그'에 끼워주지 않는 것이 그들만의 상식이었다. 반면에 에피쿠로스는 노예에게도 철학자 대우를 했다. 자신의 우정에 많은 조건을 달지 않았다. 작지만 본질적인 인연에 집중하는 삶을 실천했다.

젊은이여, 너무 현재를 희생하지 말라

에피쿠로스는 젊은이들을 향해서도 중요한 조언을 했다. 미래의 성공을 위해 현재를 희생하는 이들에게 위로를 건넨 것이다. 에피쿠로스는 젊은 사람들이 힘겹게 살아야 하는 이유를 '삶을 운Tyche에 자주 맡겨야 하기 때문'이라고 말했다.

시간이 흐른 후에는 별것 아니라고 생각할 수 있는 것도 인생을 겪어보지 않은 젊은이들의 입장에서는 두렵고 힘들다. 사회생활을 갓 시작한 20대 중후반에서 30대 초반의 사람들이 늘 겪는 고민은 '일보다 사람이 어렵다'는 것이다. 직장 내외에서는 우정과 호의로 포장되어 있지만 이용 가치와 연결된 관계가 적지 않다. 이 대목에서 염두에 둘 만한 에피쿠로스의 말이 있다. '젊은 사람이 자신을 지키기 위해 해내야 하는 일은 바로 자신의 젊음을 지키는 일'이라는 것이다.

미래에 과도하게 집중된 삶은 젊은이를 애늙은이로 만든다. 한가하게 들릴 수도 있겠지만, 다 먹고 살자고 하는 짓이다. 삶의 활력을 상실해가면서까지 얻어내야 할 것은 이 세상에 별로 없다.

지금, 여기의 가치

다만 생각과 에너지가 넘치는 젊은이들이 주의해야 할 것이 있다. 에피쿠로스가 말한 대로 '삶에서 비본질적이고 쓸데없고 혼란스러운 것들'로 생기는 복잡함을 피해야 한다는 것이다.

에피쿠로스는 인생의 즐거움을 위한 수단에 집착하는 것으로도 고통이 발생할 수 있다고 경고했다. 이를테면 술, 약물과 같은 것은 물론이고 자신을 달래기 위해 동원하는 수많은 치료 방식, 맹목적인 신앙과 같은 것들 말이다. 이런 것들은 바쁜 삶 이면에서 만족을 추구하는 길이 아니라 더 큰 허무를 낳게 마련이다. 행복은 무한한 정복의 대상이 아니라, 그것을 얻기 위해 이루어지는 많은 행위 가운데에서 얻어지는 작은 감정들의 집합체일지도 모른다.

한때 '카네기Dale Carnegie'식 자기계발론이 인기를 끈 적이 있다. 긍정적인 마음을 먹고 무엇이든 가능할 것이라는 믿음을 갖고 열심히 살라는 말이다. 일종의 성공 철학이다. 미래를 위한 노력은 분명 필요하며, 이때 무한 긍정과 조증은 확장적인 삶을 추구하는 힘이다. 하지만 달도 차면 기울 듯 팽창과 확장을 지향하는 삶도 언제까지 계속될 수는 없다.

일이 없으면 갑자기 우울해진다거나 그 순간을 견딜 길이 없어 먹는 것, 사는 것, 입는 것으로 순간의 허무를 속이려는 사람이 많다. 그럴 때 우리는 잠깐 멈추어서 생각해봐야 한다. 내가 작은 것에 감사할 줄 모르는 것은 아닌지. 지금 숨 쉬고 살아 있다는 것만으로도 무한한 잠재력이 발휘되고 있다는 것을 잊은 것은 아닌지. 불만족과 인지 부조화로 괴로워하기에 '지금, 여기'는 너무나 소중하다.

스스로 생산한 것만이 진짜다,
석가모니

어떤 20대 남자가 오밤중에 집을 나선다. 그에게는 어린 아내와 태어난 지 얼마 안 된 아들 하나가 있다. 도박으로 가산을 탕진하거나 정부情婦가 생겨서 도망가는 것이 아니다. 인생의 답을 찾기 위해 수도 여행을 떠나려는 것이다. 그는 머지않아 왕국을 물려받을 승계자였다. 인류 역사상 가장 성스러운 가출 스토리. 바로 석가족의 성자, 석가모니釋迦牟尼의 이야기다.

석가모니는 떠나면서도 온갖 망상에 시달렸을 것이다. 이렇게 황당하게 떠나면, 가장으로서의 책임은 어떻게 될지, 가족을 버린 사람이 깨달음을 얻는다고 도덕적으로 지지받을 수 있을지, 나를 위해 기도하고 애쓰던 부모의 상처는 무엇으로 치유해야 할지, 수많은 생각이 머릿속을 뒤흔들었을 것이다.

하지만 불안감은 도망자의 마음을 오래 붙들지 못했다. 그런 생각이 들수록 석가모니는 더 빠른 발길로 카필라Kapila 성문 밖으로 나아갔다. 왕자가 고통받는 삶의 모습들을 처음으로 목격했던 그곳이었다. 칠흑 같은 어둠도 마음까지 잠식하지 못했다. 진짜 내가 무엇인지 찾아야 한다는 강한 욕구가 있었기 때문이다.

불교는 극락을 추구하는 종교가 아니다

많은 사람들이 불교가 극락을 가기 위한 종교라고 착각한다. 하지만 극락은 깨달음의 과정이자 불교적 진실의 일부일 뿐이다. 나무아미타불南無阿彌陀佛 하고 염불을 외는 것, 가족이 돌아가신 후 7주 동안 49재를 지내는 것, 동물을 방생하며 복을 비는 것 모두 불교의 본질이 아니다.

석가모니는 자신이 살아 있는 동안 부처를 염念하라고 가르친 적이 없다. 오히려 제자들이 '참 나[我]'의 모습이 무엇인지 깨달을 수 있도록 열심히 비유와 상징으로 생각할 거리들을 던져줬을 뿐이다. 석가모니는 다른 사상가들이나 종교인들에 비해 추상적인 개념을 즐기지 않았다.

석가모니는 가족을 떠난 후 온갖 고행을 통해 참 나를 발견하려고 했다. 밥은 거의 굶었고, 비가 오나, 눈이 오나, 바람이

부나 피하지 않고 야외에서 명상과 기도를 했다. 유명한 수행자에게 요가를 배웠으며, 잠을 거의 자지 않고 생각을 하나로 모으는 공부를 했다.

하지만 6년간의 숱한 노력에도 별 성과를 거두지 못했다. 오히려 죽음에 가깝게 쇠락한 몸만 남아 있을 뿐이었다. 숨이 오락가락할 만큼의 위기로 스스로를 몰다가, 도저히 참을 수 없어 어느 여인이 준 우유와 죽을 먹고 고비를 넘기기도 했다. 그때 그에게 깨달음이 찾아왔다. 그 내용이 『초전법륜경初轉法輪經』 1장 22에 실려 있다.

> 수행자들이여, 괴로움을 소멸시키는 진리는 욕망에 대한 집착을 버리고, 포기하고, 놓아버려서 해탈하는 것이다.

석가모니는 '존재하지 않는 미래의 어떤 상태'를 가정하고 매달리는 것도 집착 중 하나로 보았다. 다시 말해 반복된 고행을 통해 거룩한 상태로 가고자 하는 수행자의 노력도 때로는 헛된 욕망일 수 있는 것이다. 깨달음 자체에 대한 집착도 버린 석가모니는 몸의 허기에 솔직해지고 나서야 눈과 귀를 열 수 있었다. 극단적인 절제와 자기 통제가 아니라 신체적 욕구를 실현한 후에 대각大覺, 이른바 큰 통찰을 얻은 것이다.

몇몇 추종자들은 실망했다. 왕의 자리를 포기하면서 모든 것을 걸었던 수행자가 고작 배고픔 하나 못 참느냐는 멸시였다.

'가족의 품에 있었다면 그런 고생을 사서 할 이유도 없었을 것'
이라는 조소도 이어졌다.

그러나 석가모니는 군중의 시선에 휘둘리지 않았다. 새로운
경험으로부터 힘을 얻고 더 큰 단계로 나아갈 수 있었기 때문
이다. 그는 부다가야Buddha Gayā 마을 근처의 보리수 밑으로 가서
다시 명상에 잠겼다. 그렇게 참 나에 대한 그림이 그에게 선물
처럼 찾아왔다. 아무것도 모르는 상태[無明]에서 욕구와 충동에
의한 행동[行]이 생겨나고, 마음속에 존재의 비슷함과 다름을 가
리는 과정[識]이 형성되며, 삶과 죽음[生老病死]이라는 삶의 대서사
시가 펼쳐지는 과정이었다. 『잡아함경雜阿含經』 12권 285경 「불
박경佛縛經」에 그 내용이 실려 있다.

모든 사람들은 태어남, 늙음, 병듦, 죽음과 그 근거를 잘 알
지 못한다. 태어남의 원리는 무엇인가? 사유하여 존재가 생겨
나기에 태어남이 있다.

석가모니가 깨달은 것을 후대 사람들은 12연기緣起라고 불렀
다. 오만 가지 현상이 생각의 실타래를 중심으로 연결되고 일어
나는 과정을 말한다. 거대한 통찰을 얻은 사람을 칭할 때 사용
하는 '붓다Buddha'는 우리말로 부처라고도 부르는 산스크리트어
표현이다. 한자로는 각자覺者라고 한다. 의미 그대로 깨달았다
는 뜻이다. 각자 사는 시대에 절실한 덕목이다.

참 나를 알려면 먼저 제대로 봐라

깨달음[覺]은 제대로 봄[觀]을 통해서 얻어진다. 빨간색 안경을 끼면 세상은 온통 빨간색으로만 보인다. 안경에 먼지나 색이 끼지 않도록 하려면 계속해서 닦고 관리해야 한다. 불교에서는 그 과정을 가리켜 마음 공부라고 한다. 마음속에 있는 나만의 안경을 계속해서 응시하고 그 시야가 비뚤어지지는 않았는지, 보고 싶은 것만 보게 되어 있는 것은 아닌지 관찰하는 과정이다.

인간은 대개 부실한 마음의 안경을 갖고 있다. 있는 그대로의 현실과 마음속에 있는 자기만의 사실을 착각한다. 이것을 가리켜 망념妄念이라고 한다. 석가모니처럼 한번 깨달았다고 하더라도 마음속에는 계속해서 착각의 물결이 밀려올 수 있다. 그때마다 차분하고 명쾌한 마음 정리의 기술로 걷어낼 수 있어야 한다.

이를 위해서는 마음의 줄기를 제대로 돌아보는 연습을 해야 한다. 이를 불교에서는 염이라고 부른다. 하늘나라를 염하는 것은 염천念天, 부처를 염하는 것은 염불念佛, 자신의 생각과 호흡이 지나가는 길을 관찰하는 것은 염안반念安般이라고 한다.

초기 불교는 힌두교의 요가에서 출발한 명상법이나 호흡법에서 벤치마킹한 요소가 많았다. 마음이 한 가지 지점에 머무르게끔 호흡을 일치시키고 집중하는 과정인 '사마타śamatha'를 통해 잡념을 없애는 것이다. 마음의 줄기를 뜯어보고, 두루 보고,

차례차례 보기 위해 하는 좌식 수련은 '위파사나vipassanā'라고 한다. 생각을 분석하고 올바른 결로 정리하는 과정이다.

이렇게 마음이 지나가는 길을 탐색하는 과정에서는 신통력이 생길 수 있다. 지나온 것을 세밀하게 더듬다 보니 앞날이 보이는 것이다. 가끔 전생을 보았다거나, 누군가의 미래가 보인다는 승려들이 있다. 그 주변에 정치인들이 몰리고, 재벌들이 찾아와서 어마어마한 복채를 내놓고 간다. 역대 대통령 선거 당선자를 맞췄다는 스님을 본 적도 있다.

하지만 석가모니는 신통력으로 남을 유혹하거나 잘못 인도하지 말라고 했다. 세상사를 모두 알 수 있다고 착각하지도 말라고 했다. 고승들은 수행을 쉬지 않고 계속하다 보면, 어느 지점에서 신통력이 생겼다가 사라진다고 한다. 또한 앞날을 바라보는 것 또한 깨달음의 과정 중 극히 일부에 불과하기 때문에 거기 매달리지 않아야 한다고 했다. 신자의 사주를 보거나, 이름을 지어주는 스님은 제대로 된 부처의 가르침을 실천하는 승려가 아니다.

참된 행복은 내가 원하는 것을 이루는 것

머리를 깎아야만, 산으로 들어가야만 진정한 깨달음을 얻는 것일까. 석가모니는 단호하게 아니라고 한다. 인생을 순전히 종교에 바치기로 한 사람이라면 성직자의 길을 걸을 테지만, 그렇지 않은 사람도 부처가 될 수 있다는 것이 불교의 사상이다. 가상의 구원자나 신적 대상 또는 학문적 권위자에게 쉽게 의존하지 말라는 석가모니의 가르침이 『중아함경中阿含經』 3권 16 『가람경伽藍經』에 전해진다.

소문으로 들었다거나, 대대로 전해져 내려온다거나, 경전에 써 있다거나, 유력한 사람이 말했다고 해서 진실이라고 받아들이지 말라.

오직 스스로 고민하고 깨달을 때만 믿고 따르라는 것이다. 이 말은 곧 진리란 다른 누군가가 주장한 내용을 모방하고 소비하는 차원이 아니라 내 안에서 체득되고 재생산되는 차원에 있는 것임을 뜻한다. 타자의 생각에 함몰된 상태에서 어쩌다 뇌리를 스쳐간 '아이디어'를 깨달음이라고 착각하면 이단이나 사이비가 되거나, 그저 그런 흉내꾼이 되기 쉽다. 오로지 나만의 생각이 움터 나올 때까지 힘써 마음 공부를 하고, 그 결과로 얻어진 무언가를 굳게 붙드는 자가 진정한 부처다.

따라서 석가모니 이후의 제자들은 인간의 의식과 생각을 세분화해서 파악하고, 참 나를 찾아가기 위한 지도를 그리기 위해 애썼다. 석가모니는 80세 무렵 춘다Chunda라는 신도에게 대접받은 음식이 잘못되어 삶을 마감해야 했다. 하지만 마지막 인생 여정에서도 참 나를 향한 깊은 사유는 흐트러지지 않았다. 임종 세 달 전 석가모니가 남긴 말이 『대반열반경大般涅槃經』에 실려 있다.

자신을 섬으로 삼고, 귀의처로 삼아 머물고 남에게 의존하지 말라.[1]

우리의 삶이 고달픈 이유는 타자의 욕망을 모방하고 소비하기 때문이다. 대부분의 사람은 내가 진짜로 무엇을 원하는지 고민할 생각을 하지 않는다. 단지 사회적으로 통용되는 삶의 모습을 그럴 듯하게 실현하는 데에만 관심을 갖는다. 삶의 기준은 남에게 두고 그런대로 잘살고 있다고 자위하려니 인지 부조화가 생기고 마음이 괴롭다. 석가모니가 가장 안타깝게 여겼던 모습들이다.

지금부터라도 우리는 자신을 지배하는 생각들을 하나하나 뜯어보고 진짜 내 것이 아닌 것들은 몰아낼 수 있어야 한다. 참된 행복은 내가 진짜로 원하는 것들을 조금이라도 실현하는 데에서 비롯된다.

어떻게
남과 다르게
볼 것인가

2부

예술

평범함을 아름다움으로
만드는 관점의 기술

David Hockney

Gustav Klimt

William Shakespeare

Samuel Beckett

Le Corbusier

Johann Sebastian

Art

창의성은 꾸준한 노력에서 나온다,
바흐

천재들은 의외로 소위 '노가다'에 강하다. 최연소 MIT 기계공학 박사 출신의 전직 장관은 '수학은 머리가 아니라 손으로 푸는 것'이라고 말했다. 번쩍 떠오른 생각으로 별안간 역사를 바꾸는 천재는 없다. 작은 생각을 이리저리 굴리고 반복 실험하며 좌충우돌한 끝에 어마어마한 성과가 쌓였을 뿐이다. 페르마 Pierre de Fermat의 마지막 정리나 내쉬 균형 Nash Equilibrium 같은 천재적인 발견도 결국 손으로 푸는 수학을 바탕으로 이루어졌다.

음악의 아버지로 불리는 17~18세기 독일의 작곡가 바흐 Johann Sebastian Bach도 노가다로 역사를 만든 천재다. 바흐는 스물여덟이라는 젊은 나이에 궁중 악장이 된 후 평생 매월 한 곡의

칸타타를 썼다. 교회 예배에서 연주할 합창곡이 필요했기 때문이다. 신에게 헌정하는 곡에는 허튼 내용이 없어야 했다. 바흐는 수십 년간 여러 나라에서 연주된 곡들을 정리해 자기만의 데이터베이스로 만들고, 의미 있는 조각들을 뽑아내 자신의 스토리에 넣었다. 그 과정은 보석 세공과도 같았다. 가사를 쓸 때는 발음과 운율, 곡을 부르는 사람의 편의성까지 고려했다.

바흐는 초년기에 이미 천재 연주자로 소문났지만 끊임없이 옛것을 공부하고 참고해서 작품 제작에 열정을 갈아 넣었다. 왜일까. 그는 지속적이고 반복적인 노력을 통해서 보편적인 원리를 발견하고자 했고, 거대한 상징과 비유의 드라마를 만들려고 했다.

영화 〈세븐Seven〉에서 주연배우가 도서관 내부를 돌며 책을 찾는 순간, 〈G 선상의 아리아Air on G, BWV 1068〉가 울려 퍼진다. 주인공은 연쇄살인의 모티브가 된 7대 죄악의 맥락을 성서에서 찾으려 하고 있었다. 바흐가 작품 속에 온갖 선율과 음형으로 숨겨둔 맥락처럼 말이다.

건반 연주로 쌓아 올린 명성

성실한 천재 바흐는 아홉 살에 어머니, 열 살에 아버지를 잃은 후 자립했고, 프로 예술가로 활동하기 위해 고통스러운 과정을 이겨내야 했다. 가장 큰 적은 가난이었다. 형들의 살림살이에 얹혀 지냈던 바흐는 연주용 악보를 베끼면서 겨우 음악에 대한 견문을 넓힐 수 있었다.

그의 어린 시절은 다양한 작품과 공연을 음미할 수 있는 환경이 아니었다. 하루하루 먹고사는 일도 불확실했다. 그럼에도 바흐는 강한 생활력과 종교적 의지를 바탕으로 버텼다. 중부 독일에서 바이올린과 오르간에 천재적 소질이 있었던 바흐는 장학생으로 고등학교를 다니며, 친구들이나 후배들에게 수학과 라틴어를 가르쳤다. 한 번의 예배당 두세 시간씩 소요되는 루터교 미사도 음악적으로 지원했다. 프로 음악가로서 활동하기 위해서는 반드시 거쳐야 하는 과정이었다.

연주자들에 의하면 피아노, 오르간과 같은 건반악기는 일주일에 수십 시간을 연습해도 겨우 실력을 유지할 정도라고 한다. 기량을 갈고닦는 과정이 그만큼 고통스럽기에, 예술가는 극도로 예민해진다. 오케스트라나 합창을 반주하는 핵심 악기이기도 한 만큼 많은 사람의 이목도 집중된다.

건반악기 연주자들은 실력이 있으면 있는 대로 깐깐하고 예의 없다고 욕을 먹고, 없으면 없는 대로 감이 없고 능력이 없다고 욕을 먹는다. 지금과 달리 지휘자 없이 악장이나 합창단장만 있었던 17~18세기에는 더했다.

바흐는 음악계에서 실력에 비해 박한 평가를 받으며 눈 밖에 나 있었고, 다른 분야의 사람들에게도 연주자 충원이나 악기 구매 등의 과도한 비용 문제로 지적을 받았다. 하지만 그런 저평가를 받으면서도 오르가니스트로서의 실력은 한 번도 폄하당하지 않았다. 100세의 원로 음악가 라인켄Johann Adam Reincken은 바흐의 연주를 듣고 '나는 오르간이라는 예술이 죽었다고 생각했는데 자네를 보니 그렇지 않다'는 칭찬을 했다고 한다.

타협하지 않고 안주하지 않는다

바흐는 절대 스스로를 안락한 환경에서 만족하게 두지 않았다. 음악적 성공으로 얻은 사회적 지위와 경제적 여유를 향유하는 데에 머무르지 않고, 스스로에게 가장 적합한 예술 환경을 찾기 위해 독일 전역을 돌아다녔다. 아무리 돈을 많이 준다 하더라도 작곡가의 순수성이 침해당할 수 있는 곳은 과감하게 떠났다. 그를 고용했던 제후들은 이별의 순간에 닥쳐서야 '억만금으로도 바흐의 영혼을 살 수 없다'는 사실을 절절히 느꼈다.
　바흐는 자신에게 제대로 된 작업 환경을 구비해주지 못한 바이마르 영주와 갈등하다가 감옥살이를 하기도 했다. 쾨텐에서는 궁중 악장으로 높은 지위를 누렸지만 자신이 원하는 교회 음악에 집중하기 어려운 환경이었기 때문에 직을 그만두었다고 전해진다.
　그가 평생 깊은 열정을 바쳐 작곡 활동을 할 수 있었던 곳은

라이프치히였다. 그곳에서 바흐는 두 아들을 대학에 보냈고, 〈마태 수난곡Matthaeus-Passion, BWV 244〉〈요한 수난곡Johannes-Passion, BWV 245〉과 같은 대작들을 썼다. 왕이나 영주에게 봉사하는 일이 아니라 교회 부속 학교의 아이들을 가르치는 일을 했다. 바흐는 매주 칸타타를 올리고, 매일 예배 음악을 지도했다. 흔히 생각하는 예술가의 일상과는 달랐지만 신성한 노동 속에서 자신에게 집중할 수 있는 라이프치히의 환경에 매우 만족했다.

훗날 수많은 작곡가들과 연주자들이 바흐의 음악을 또 하나의 '우주'로 평가하는 이유는 단순히 기법적인 우수함이나 화려함에 있지 않다. 깊은 영성과 인간에 대한 통찰이 작품 안에 살아 있기 때문이다. 이것이 '바흐 음악 안으로 들어왔다가 빠져나갈 길을 찾지 못했다'고 하는 이유다.

바흐는 매우 감성이 풍부한 작곡가다. 각종 산문시, 종교시, 성서 등에서 문구를 끌어와 자신만의 가사를 만들고, 그 안에서 기쁨, 슬픔, 분노와 같은 감정들을 매우 풍성하게 표현했다. 살면서 단 한 번도 오페라를 작곡하지 않았지만 바흐의 음악은 그 자체로 배우의 연기를 연상시킬 정도로 매우 극적이고 화려하다. 그러나 그 안에 담긴 감성은 매우 보편적이고 객관적이다.

첼리스트 요요마Yo-Yo Ma는 바흐를 인간에 대해 '이해하지만 간섭하지 않는' 작곡가라고 말한다. 인간을 둘러싼 '조건과 환경을 과학적으로 연구'했으며 '상상력을 통해 표현'함으로써 때로는 '심각'하지만 때로는 '톡톡 튀고 즐거운' 음악을 만들었다

고 평가한다.[2]

무한한 생산성을 보이면서 입체적인 아름다움을 구현하는 데에는 엄청난 정신적 노고가 필요했을 것이다. 예술적 정열과 복잡한 사회생활을 병행해야 하는 데에서 오는 감정적 소비도 만만치 않았을 테다.

조합을 바탕으로 한 혁명

바흐는 18세기 바로크 음악을 총결산하고 그 문을 화려하게 닫은 인물이다. 그 이후에는 모차르트Wolfgang Amadeus Mozart, 하이든Franz Joseph Haydn을 중심으로 한 고전주의 음악 사조가 열린다. 아버지 못지않게 유명한 작곡가였던 에마누엘 바흐Carl Philipp Emanuel Bach는 이렇게 말했다.

오르간 레지스트레이션registration에 관해 그처럼 잘 아는 사람은 없었다. 연주자들은 아버지가 오르간에 앉아 연주하기 전에 나름대로 스톱stop을 빼는 것을 보고 겁에 질리고는 했다.[3]

음색이나 음량을 좌우하는 오르간의 스톱 조작에 관해서는 바흐만 한 사람이 없었다. 한마디로 창의적인 조합의 대가였다는 뜻이다. 그는 이탈리아와 독일, 프랑스 음악을 한 작품 안에서 매우 기발하고도 고급스럽게 버무렸다. 서로 이질적인 요소들을 이으면서도 그 흐름이 매우 자연스럽고 부드러웠다. 마치 박음질 자국이 없는 통옷의 부드러움과 같았다. 이처럼 조합을 바탕으로 한 음악 혁명의 저변에는 바흐만의 창의적 노동이 있었다.

우리는 창의성이 어느 날 갑자기 튀어나오는 것으로 착각하거나, 적절한 계획과 전략을 통해 유도할 수 있는 것처럼 오판한다. "그만큼 돈을 썼는데, 왜 혁신적인 솔루션 하나 개발해내지 못하나?" 이런 말을 하는 사람은 십중팔구 스스로 작품을 만들어보지 못한 사람이다.

소위 S급 인재에 필적할 만한 천재들을 조직과 커뮤니티에 배치하는 것만이 다가 아니다. 충분한 실험을 거쳐 무수한 시나리오를 조합해볼 수 있도록 시간과 여유를 주어야 한다. 창의적인 시행착오가 수십 번, 수백 번 반복되고, 작은 아이디어가 수차례 조합되고 나면 그 안에서 의도하지 않았던 소위 대박이 터진다. 돈은 그 결과물을 바탕으로 부수적으로 따라오는 것이다. 당신 주변에 천재가 있고, 당신이 그의 가치를 충분히 활용하고 싶다면 그가 온전히 정신을 쏟을 수 있도록 시간과 여유를 줘야 할 것이다.

너의 삶이 곧 예술이다,
호크니

당당하게 사는 사람들은 비싼 것을 걸치지 않아도 화려하고 멋지게 보인다. 복잡한 생각을 하지 않는 듯한 모습, 무심한 듯하지만 명쾌하게 내뱉는 한마디, 감추지 않고 어김없이 표출하는 개성. 모두 매력적으로 느껴진다. 타협할 것이 많은 세상을 이처럼 거침없이 대하는 사람은 대중의 롤 모델이자 존경의 대상이 되고는 한다.

화가 호크니David Hockney도 그중 한 명일 것이다. '예술은 절대 어렵지 않다'면서 자신이 살아온 삶의 순간을 컬러풀한 장면으로 구현한다. 또 그는 자신이 동성애자임을 당당히 밝힌 사람이다. 아무리 열린 사회라 하더라도 독특한 성性 취향은 누군가의 입방아에 오르내리는 법이다. 하지만 호크니는 절대 타인의 시선에 아랑곳하지 않고 탐미적인 자신의 성향을 작품에 그대로 드러낸다. 공교롭게도 그의 작품은 지구상에서 가장 비싼 그림들로 거래된다.

고립형 천재에서 당당한 예술가로

호크니는 보수적인 시대에 태어났다. 1937년 영국에서 태어난 그는 프로이트Lucian Freud, 베이컨Francis Bacon과 같은 파격적인 예술가들이 주류를 이루던 1950년대 말에 미술계에 입문했다. 선배 세대는 과감한 실험과 도전으로 화제가 되었다. 하지만 수많은 비난과 논쟁의 주인공이 되기도 했다. 호크니는 10대 시절부터 기성 미술계의 조류를 따르기보다는 자기만의 예술 세계에 더 관심을 가졌다. 현재의 논쟁 수준을 뛰어넘는 미래 지향형 미술을 추구했다.

한때 영국 정부 예술평의회Arts Council는 스물한 살의 신입생이었던 호크니의 작품을 구매하려다가 '너무 도발적'이라는 이유로 거절했다. 훗날 그가 전 세계 미술계에서 차지하는 위상을 생각하면 상상할 수도 없는 사건이었다. 또 당시 유럽의 예술계에서는 심오한 추상미술이 유행하고 있었다. 하지만 호크니는 '내가 인식할 수 있고, 느낄 수 있는 예술을 하고 싶다'며 구상미술로 나아갔다. '작품을 본다는 것은 자신과 작가의 마음을 관찰하는 것'이라고 말하는 작가의 지향점은 오직 마음에 있는 예술, 스스로 원하고 갈망하는 것들이 직설적으로 표현된 그림이었다.

1960년대에 들어서 호크니는 미국 캘리포니아로 이주했다. 영국보다는 훨씬 개방적이고 다양성이 보장된 공간이었다. 유명한 '수영장 시리즈'는 이 시절에 탄생했다. 구름 한 점 없이 파란 하늘에 따사로운 햇볕이 결합되어 화면 속에 기분 좋은 분위기가 연출되었다. 그 안에 등장하는 인물들은 일상에서 애정을 갖고 보는 연인이나 이웃이거나, 깊게 관찰해보고 싶은 그 무엇인가였다.

1967년작 〈더 큰 첨벙 A Bigger Splash〉에는 누군지 확인할 수 없는 존재가 다이빙 보드에서 물속으로 뛰어든 장면이 나온다. 멋지게 솟아오르는 물보라는 여름날에만 만끽할 수 있는 특권이다. 더 중요한 것은 작가가 물방울을 연출하기 위해 보름 가까운 시간을 보냈다는 사실이다. 호크니는 아무런 밑그림 없이 코발트블루, 황갈색, 적갈색 등의 물감만으로 야자수, 주택, 의자, 수영장 바닥 등을 표현했다. 그리고 그 위에 물보라가 쾌활하게 솟구치는 장면을 그려냈다. 작가가 보고 싶고, 느끼고 싶은 것들을 향해 끊임없이 주의를 기울이는 과정에서 생산된 이미지였다.

그전까지만 해도 그림을 그리려면 어떤 상象을 표현하는 스케

치가 반드시 이루어져야 했다. 하지만 호크니는 자신이 원하는 상황을 구현하기 위해 아예 색을 화면에 먼저 입히는 작업을 시도했다. 매우 혁신적이고 파격적인 기법이었다. 그렇게 호크니는 자신이 느낀 바를 캔버스 위에 스토리로 채워나가고자 했다.

사진과 회화의 관계를 고민하다

미국에서 호크니가 주목한 또 다른 대상은 바로 '사진'이다. 당시에만 하더라도 화가들은 사진을 제대로 된 예술로 치지 않았다. 현실을 있는 그대로 복제하는 기술적 구현 방식에 불과하다고 여겼다. 브레송Henri Cartier Bresson, 홀스먼Philippe Halsman 같은 전설적인 사진가들이 새 역사를 쓰고 있었지만 사진은 어딘가 정격성이 부족한 매체처럼 취급받았다.

하지만 호크니는 사진 또한 예술의 범주로 껴안을 수 있다고 생각했다. 대신에 '사진은 진짜가 아니다'라는 입장을 취했다. 왜였을까. 사진은 대상을 표현하는 과정에서 작가의 재량권과 심리가 능동적으로 개입하기 힘든 매체라고 여겼기 때문이다. 반대로 입체적이고 과학적인 장면 포착, 탁월한 기록성은 회화가 따라가기 어려운 사진의 우월함이다. 하지만 1000년이 넘는 세월 동안 역사를 이어온 그림은 무한한 스토리를 담을 수 있는 문화적 에너지를 가진 매체다.

1980년대부터 호크니는 사진을 부분적 재료로 하되 자신이 원하는 방법으로 대상을 복원하는 방식에 몰입했다. 이에 콜라주 기법을 이용해 '포토콜라주photo-collage'라는 창작 방식을 고안해내기도 했다. 작가는 절대로 이미 존재하는 기술에 의존해 대상을 복제하지 않았다. 자신이 어떤 시선으로 사물을 바라보는지, 삶을 어떤 방식으로 재조명할 것인지 특유의 맥락으로 재구성해냈다. 호크니는 팝 아트pop art 작가나 유행을 선도하는 사람으로서 미술계의 존경을 받는 것이 아니다. 매우 통속적인 방식으로 화면을 구현하면서도, 철저히 자기만의 기법으로 대상을 강하게 붙들어내는 실력이 그가 사랑받는 이유다.

80세에도 '내 삶'을 그린다

호크니가 젊은 날 그렸던 작품들은 자유로움, 해방, 욕망에 대한 긍정 그 자체였다. 기법적으로도 충분한 실험과 탐구를 통해 자신의 기술적 우월함을 세계만방에 과시했다. 만년에 접어든 호크니는 이제 태블릿 PC를 바탕으로 그림을 그린다. 과거 보수적인 작가들에게는 상상도 할 수 없는 방식이다. 디지털 기기를 이용해 무엇인가를 그린다는 행위 자체의 진정성을 의심받기 때문이다. 실제로 미술 시장의 수많은 수집가들은 이런 시선을 갖고 있다. 하지만 호크니는 디지털을 또 다른 가능성으로 받아들였다. 미술 평론가 게이퍼드Martin Gayford는 아이패드가 지닌 '즉흥성'을 통해 호크니는 어디에서든지 '그릴 준비가 되어 있다'고 말했다.[4]

모든 작가들은 자신이 경험한 장면과 감동을 그 순간 기록하고 싶어 한다. 그러면서 일정 수준의 변주와 재구성이 가능한 기법을 끊임없이 찾는다. '회화가 진짜'라고 믿었던 호크니에게 태블릿 PC는 또 다른 진짜를 만날 수 있는 창이었다. 아직까지 호크니의 '디지털 회화'는 물감으로 그린 것들보다 많이 저렴한 편이다. 물론 몇 천 만원이라는 금액도 일반인에게 낮은 것은 아니지만, 1972년작 〈예술가의 초상Portrait of an Artist〉이 크리스티 경매에서 1000억 원이 넘게 거래된 것에 비하면 확실한 차이가 느껴진다.

우리는 삶의 진가를 얼마나 깊게 느끼고, 맛보고 있을까. 바쁘게만 사는 사이에 인생 자체가 훌륭한 예술이라는 사실을 망각하고 있는 것은 아닐까. 거대한 목표와 성과도 중요하지만, 찰나의 행복감과 기쁨도 결코 포기해서는 안 된다. 그 순간을 기억하고 싶을 때 그림을 그리거나 가벼운 글을 써보면 어떨까. 호크니만큼의 대가는 아니어도 나 자신에게만큼은 충분히 만족시킬 수 있는 수준으로 삶의 장면들을 기록하고 저장하면 어떨까.

시간이 흐른 후 그 모든 것들은 학창 시절 일기장처럼 손발이 오그라들어도 마냥 싫지는 않은, 내 삶을 기록한 소중한 자산이 된다. 우리는 삶을 예술적으로 조망하고 누릴 충분한 권리가 있다. 여기에 당당하고 거침없는 자세를 조금만 더 추가한다면 당신의 삶 자체도 충분히 매력적인 콘텐츠가 될 것이다.

평범함을 거부하라,
클림트

화면을 가득 메운 황금빛 물감, 꿈을 꾸는 듯 눈을 감은 사람들, 현실에 존재하지 않는 듯한 모습들, 클림트Gustav Klimt의 그림에 드러나는 몽환적인 풍경이다. 클림트의 작품 이미지는 한국의 스마트폰, TV 등의 제품에도 자주 등장하는 '콜라보' 사례다. 그만큼 매력적인 것이다.

관능적이면서도 과하게 노골적이지 않은 분위기, 화려한 색채가 사람들의 눈길을 사로잡은 탓 아닐까 싶다. 남녀가 꿈속에서 사랑을 나누는 듯한 1907~08년작 〈연인Liebespaar〉, 구약성서에서 악인의 머리를 자른 여자 1901년작 〈유디트Judith〉 모두 한국에서 잘 알려진 작품들이다. 모두 여성들의 스마트폰이나 카카오톡 배경을 오랫동안 차지해왔다.

그러나 클림트의 그림은 19세기 당시에는 반항이자 혁명이었다. 예술을 현실의 재현 도구 내지는 바람직한 가치의 표현 수단쯤으로 여겼던 사회에서, 클림트는 너무 직설적이고 본능적인 작가로 평가되었다. 거침없이 그려진 누드, 당장 무슨 일이라도 벌어질 듯한 연인들 간의 포옹은 보수적인 오스트리아—헝가리 제국에서 억압받을 수밖에 없는 콘텐츠였다.

결국 클림트는 생각을 같이 하는 문인, 건축인 등과 함께 '빈 분리파'라는 독립 예술 그룹을 만들어 활동했다. 순수와 퇴폐, 현실과 몽환이 공존하는 클림트의 작품은 저항을 통해서만 완성될 수 있었다.

논쟁의 중심이 된 작가

클림트는 1862년 빈의 어느 빈곤 가정에서 태어났다. 천부적인 손재주와 예술 감각 덕에 일찍 예술공예학교Kunstgewerbeschule에 입학했다. 설립자인 폰 에델베르크Rudolf Eitelberger von Edelberg는 가정 형편 때문에 공부를 중단하려던 클림트에게 미술 교사가 아니라 반드시 화가가 되어야 한다고 다그치며 장학금과 생활비를 지급했다고 전해진다.

후원자들의 관심 덕분에 클림트는 열정적으로 작업할 수 있었고, 부르크 극장, 빈 미술사 박물관, 봉헌 교회 같은 거대 건축물 장식까지 맡으며 업적을 일궜다. 그 공로로 당시 예술가로서는 최고의 영예인 황제 프란츠 요제프 1세Franz Joseph I의 훈장까지 받았다.

하지만 1890년대 말부터 클림트는 반항아의 길을 걷기 시작한다. 빈대학의 대강당 천장을 장식할 그림을 의뢰받으면서 사건이 터졌다. 이 학교의 주요 학부는 철학, 법학, 의학이었는데 이들을 대표할 만한 회화를 그리는 것이 주어진 과제였다.

다른 주류 화가라면 라파엘로Raffaello의 1509~10년작 〈아테네 학당Causarum Cognitil〉이나 마카르트Hans Makart가 그린 그리스 신화의 한 장면을 남겼을 테지만 클림트는 자신이 생각한 철학, 법학, 의학의 메시지를 작품에 담고자 했다. 과거 화가들이 그랬던 것처럼 '있는 그대로 재현하는 것'은 자신의 임무가 아니라고 여겼다.

그 결과 1900년부터 1903년에 걸쳐 작품 〈철학Philosophy〉 〈법학Jurisprudence〉 〈의학Medicine〉을 탄생시켰다. 작품 속 등장인물들은 무엇인가에 취한 듯 눈을 감고 있고, 벌거벗은 채 심지어 음부가 확연히 드러나 있으며, 심연 속에서는 해골까지 등장한다. 이 그림을 접한 빈대학의 관계자들은 몹시 분개했다. 가장 숭고하고 거룩한 대학의 천장화에 감히 발칙한 몽상을 담았다는 것이 그 이유였다. 종교적으로 형상화된 그리스식 성화를 기대했던 사람들은 하나같이 이런 반응을 내놓았다. '클림트의 작품은

포르노그래피'라고 말이다.

　가장 큰 충격을 준 것은 〈철학〉이었다. 서로 뒤엉킨 남녀, 벌거벗은 여성의 뒷모습 등이 적나라하게 드러난 천장화였다. 보수적인 오스트리아인들은 클림트의 가치를 인정하지 않았고, 그를 처벌할 것을 요구했다. 결국 클림트에게 주어진 계약금을 다른 독지가의 후원으로 돌려주는 형태로 논쟁은 마무리됐다.

　그러나 파리 만국박람회는 이 작품을 '가장 충격적인 그림'이라고 평가하면서 가치를 인정해 금메달을 수여했고, 이후 클림트는 유럽에서 명성을 떨치게 된다. 그는 결코 자신을 향한 여러 외부의 평가나 압력에 굴복하지 않았다. 오히려 더 강력한 자기 색깔과 정체성을 추구하며 앞으로 나아갔다. 빈 분리파가 탄생한 것도 비슷한 시기였다. 클림트는 그들을 주도하며 여러 프로젝트를 성공적으로 치러냈다.

몰락의 시대를 살았던 혁신가

　클림트가 살았던 시대는 성장, 번영, 희망 같은 단어를 이야기하기 힘든 시기였다. 오스트리아는 변화와 혁신이라고는 찾아보기 힘든 늙은 제국이었다. 경제, 기술, 군사 모든 면에서 다른 유럽 선진국에 추월당하고 있었다. 대부분 나라들은 스스로

쇠퇴하고 있다는 사실에 직면하면 전환점을 찾으려고 한다. 하지만 제국은 음습하고 경직된 엔진을 덜컹거리며 제1차 세계 대전으로 접어들고 있었다. 클림트는 이렇게 희망 없는 나라에서 몇 안 되는 혁신적 인간이었다.

답답한 사회 분위기 속에서 그가 주목했던 것은 아름다운 여성의 몸이었다. 그 자체로 거룩하고 예술적인 분위기를 자아내면서도 야하고 퇴폐적인 느낌을 주는 대상이었다. 1907~08년 작 〈다나에Danae〉, 1904~07년 연작 〈물뱀Sea Serpents〉과 같이 여자의 누드가 거침없이 작품으로 표출되었고 그 즉시 사회 이슈가 되었다.

클림트의 화실을 방문한 사람들은 그의 모델이면서 연애 상대이기도 했던 여성들을 자주 목격할 수 있었다. 클림트는 가족이나 가까운 지인들보다도 예술적 묘사의 대상이었던 여인들을 더욱 중시했다. 그녀들은 몇 안 되는 '소울 메이트'였다. 왜 하필 여자의 몸이었을까.

인간의 벌거벗은 육체는 매우 적나라한 것이다. 보드랍거나 거친 살결, 근육, 살 밑으로 가느다랗게 지나가는 혈관의 모습, 터럭, 성기 등 어느 것 하나 노골적이지 않은 것이 없다. 대부분의 사람들은 실오라기 하나 걸치지 않은 여성의 몸을 '섹슈얼 리얼리즘'의 전형으로 볼지도 모른다. 그러나 여인의 누드는 동시에 매우 비현실적이고 환상적으로 느껴진다.

오랫동안 수많은 문학, 미술 작품이 여성을 여신 또는 천사,

성녀로 비유해왔다. 벌거벗은 모습은 여성성과 모성을 극대화하는 순간이기도 하다. 항상 '내가 보는 대로 그리고 싶다'고 했던 클림트는 여인의 누드를 가장 사실주의적이면서 인상주의적인 그림의 전형으로 보았던 것은 아닐까.

변화의 씨앗을 뿌리다

클림트의 또 다른 위대함은 자신이 갖고 있는 변화와 혁신의 코드를 후배 세대에게 전파했다는 사실이다. 파격적 성애 묘사로 유명한 실레Egon Schiele, 표현주의의 길을 열었던 코코슈카Oskar Kokoschka, 예술 가구를 디자인했던 호프만Josef Hoffmann 등이 모두 클림트의 영향을 받았다. 세 사람 모두 당시에는 반항아로 기성 세력에게 많은 비판을 받은 예술가였다. 전통과는 한참 거리가 먼 전위적 표현들, 타협하지 않는 뚝심, 끊임없는 개혁의 시도 같은 것들이 그들의 특징이었다.

클림트는 이들을 감싸고 후원했다. 가난한 화가 실레는 클림트에게 드로잉을 판매하는 형태로 생계를 꾸렸다. 코코슈카는 클림트와 함께 협동 전시를 기획했다가 '폭망의 원인'이라는 비판을 받은 작가였다. 하지만 클림트는 후배를 감싸고 '장래에 더 큰 예술가가 될 것'이라며 추켜세웠다. 호프만은 수공예 운동이었던 빈 공방을 함께한 사이였다. 산업화 시대에 '작품으로서의 가구'를 지향했던 클림트와 호프만은 사용자 개인에게 맞춤화된, 세상에 단 하나밖에 없는 가구를 만들었다. 물론 두 사람의 시도는 성공하지 못했지만, 훗날 호프만이 새로운 예술 가구 운동을 하는 데에 큰 자양분이 되었다.

클림트는 사람들이 뻔한 시선으로 자신을 분류하는 것을 참지 않는 작가였다. 그래서 시대와의 불화도 피하지 않았다. 황제 표창을 받은 후 계속해서 관행대로 창작을 했다면 귀족이나 기득권층의 적절한 관심을 얻으면서, 오스트리아 특유의 보수주의와의 충돌 없이 '유명한 예술가'로 자리매김했을 것이다. 하지만 이 경우 지금 우리의 기억 속에서는 사라졌을지 모른다. 1차 대전 이전에 잘나갔던 유럽 예술가가 누군지 아는 사람이 있는가.

클림트는 남들이 자신을 정의하기 기다리기보다는, 스스로 자신을 정의하며 시대를 박차고 나아갔던 예술가였다. 그 과정에서 누군가로부터 격하당해도, 견디기 힘든 갈등을 겪게 되어도 그 또한 자신의 삶이라는 것을 긍정할 줄 아는 사람이었다. 살면서 누구나 조금씩은 의미 있는 흔적을 남기고 싶은 욕망을 갖지 않는가. 그러자면 스스로를 논란의 중심으로 몰고 갈 줄도 아는 용기를 가져야 한다. 주위의 비난보다 나다움을 잃는 것을 더 두려워하는 사람이야말로 진정한 삶의 예술가라 할 수 있다.

배우처럼 생각하고 말하라,
셰익스피어

연극은 정말 정치적이면서도 규칙적인 예술이다. 주연과 조연이라는 매우 명확한 역할이 있고, 배우들은 정해진 대사, 연기, 구도 등을 완벽히 해내야 한다. 연출자의 머릿속에 없던 '애드립'은 좀처럼 용납되지 않는다. 자기 역할을 망각하고 딴짓을 하는 배우는 무대에서 내려가야만 한다.

전설적인 작가 셰익스피어William Shakespeare는 그런 긴장감과 치열함이 우리의 인생을 닮았다고 해석했다. 러닝 타임에 제한만 없을 뿐 우리 모두 인생이라는 무대에서 역할을 수행해야 하는 존재다. 순간순간 최선을 다하며 남이 기대하는 것과 내가 바라는 것 사이에 접점을 찾아야 하는 것도 인생과 연극의 공통점이다.

셰익스피어는 숱한 작품을 통해 무대 위에서 찬란하게 빛나는 존재들과 그렇지 못한 존재들의 이야기를 다뤘다. 그가 쓴 연극을 관람하는 사람들은 옛이야기를 통해 예술성 못지않게 풍부한 전략적 가치를 학습했다. 셰익스피어 연극은 르네상스 시대 영국에서 문화 콘텐츠이자 정치적 자기계발서로 읽혔다.

당신은 좋은 배우인가, 나쁜 배우인가

셰익스피어는 영국이 번성하기 시작할 무렵인 엘리자베스 1세Elizabeth I 여왕 통치기에 태어났다. 출생지는 잉글랜드 중부 소도시였다. 탁월한 언어 감각을 가졌기에 어려서 라틴어와 그리스어에 소질을 보였지만, 기울어진 가세로 학업을 이어갈 수는 없었다. 열여덟 살이 되어 연상의 여자와 결혼을 했고 아이들까지 낳았지만, 무책임하고 무모한 아버지였다. 가족의 부양 의무는 내팽개치고 혼자 런던으로 이사했기 때문이다. 가정이라는 무대 위에서 셰익스피어는 매우 질이 나쁜 배우였다.

런던에서 셰익스피어는 한 극단의 조연배우로 일하면서 공연이 없는 날 극본을 쓰는 생활을 했다. 그의 관심사는 주로 옛 영웅들과 권력자들의 밝은 면과 어두운 면을 동시에 다루는 것이었다. 당시의 연극 작품들은 선악의 구도를 매우 단순하게 그렸고, 그에 따르는 결과도 분명했다. 쉽게 말해 착한 사람은 끝까지 착한 사람이기에 복을 받았고, 나쁜 놈은 끝까지 나쁜 놈이기에 벌을 받았다.

하지만 셰익스피어는 배우들이 작품을 맡을 때마다 각각 다른 존재가 되는 것처럼, 현실에서 좋은 사람이 나쁜 사람으로 돌변할 때도 많다고 믿었다. 또 한 인간의 마음속에는 서로 충돌하는 양가감정이 존재할 수도 있다고 여겼다. 실제로 우리 삶이 그런 모습이지 않은가. 좋은 사람은 대체로 '나에게 좋은 사람'이다.

이런 셰익스피어의 인간 심리를 꿰뚫는 통찰이 잘 드러난 작품이 1592~93년작 〈리처드 3세 Richard Ⅲ〉다. 셰익스피어의 첫 성공작 중 하나이기도 하다. 주인공 리처드는 능력 있는 왕자로 태어났지만 언제나 다른 형제들의 뒤치다꺼리만 하는 조연이었다. 큰형의 권력을 위해 작은형을 대신 죽이기까지 했지만, 남는 것은 신뢰와 존경이 아니라 견제와 천대였다. 1막 1장에는 이런 대사가 나온다.

이 태평 시절을 즐길 수 없는 사람이기에, 나는 악인이 되기로 굳게 마음먹는다.

훗날 영국사를 통틀어 가장 잔인한 찬탈자로 불리는 리처드 3세도 태어나면서부터 나쁜 놈이었던 것이 아니라 악인이 될 수밖에 없었던 환경 속에 점차 변해갔던 것이다.

이 대목에서 우리는 역사를 바라보는 관점을 다시 생각하게 된다. 우리는 상황이 이미 벌어진 후 원래 그런 사람이었다고 말하기 좋아하지만, 사람의 성격은 환경에 따라 얼마든지 바뀔 수 있다. 한때 전쟁 영웅이었던 맥베스Macbeth도 왕을 살해하고 왕위를 찬탈하는 극악무도한 죄를 저질렀으며, 잡놈으로 평가받던 팔스타프Falataff도 의로운 일을 하는 것처럼 말이다. 사람의 내면 속에 있는 양면성을 읽어낼 때 복잡한 세상을 더 깊이 있고 정밀하게 이해할 수 있다.

내적 모순과 고뇌는 성장의 동력도 된다. 이후 셰익스피어는 1599년경 왕자로서의 책임감이라고는 조금도 없었던 인물이 진정한 지도자로 거듭나는 스토리를 다룬 〈헨리 5세Henry V〉를 발표한다. 아버지인 헨리 4세는 장남의 유약함과 게으름을 걱정해 다른 아들에게 왕위를 물려주려고 애썼다. 아무리 대를 이을 왕자라고 해도 나라를 지키기에는 인간적으로 역부족이라고 여긴 것이다.

하지만 헨리 5세는 아버지의 죽음 이후 권좌에 오르자마자 180도 바뀐 모습을 보여줬다. 군대를 정비해 프랑스를 공략할 준비를 하고, 또 실전에서는 지략을 선보였다. 왕자 시절 어울리던 협객들도 마치 준비하고 있었다는 듯이 과감하게 정리한다. 선인이 악인이 되기도 하듯 명청이도 천재가 될 수 있다는 것이 셰익스피어의 통찰이었다.

우리 모두 언젠가는 초라해진다

주연과 조연, 선인과 악인이 서로 뒤바뀌는 것처럼 우리 모두 언젠가는 비주류가 되고 초라한 존재가 될 수 있다. 늙고 병들고 힘이 없어지며, 남을 도와주기보다는 비난하고 문제만 삼는 꼰대로 전락할 수도 있다. 그 시점에 반드시 읽어봐야 할 작품이 셰익스피어의 〈리어 왕King Lear〉이다. 작가가 집중적으로 비극을 집필하던 시기인 1601~07년에 쓰여진 것으로 보인다. 같은 시기에 쓰여진 〈햄릿Hamlet〉〈오셀로Othello〉〈맥베스Macbeth〉와 함께 '4대 비극'으로도 손꼽힌다. 권력을 거머쥐었지만 찰나의 분노와 감정으로 모든 것을 잃어버린, 초라한 노인에 대한 이야기다.

주인공 리어 왕에게는 세 딸이 있다. 첫째 딸 고너릴Goneril과 둘째 딸 리건Regan은 매우 욕심에 가득 찬 공주들이다. 아버지의 왕국 영토를 지분으로 물려받기 위한 야망을 품고 있다. 하지만 셋째 딸 코델리아Cordelia는 별다른 유산을 원하지 않았다. 아버지에 대한 사랑이 깊어 다른 지역이나 나라에 시집가지 않고 집안을 지키겠다는 폭탄선언까지 한다.

중세 서구 왕가들은 아들딸을 대영주나 외국 왕과 결혼시켰다. 그들끼리 왕위 승계에 서로 개입하기 위한 '암묵적 룰'이었다. 리어 왕은 그 규범을 거스르는 코델리아를 탐탁지 않게 여겼고, 물려줄 것이 아무것도 없으니 알아서 살라며 야멸차게 내

친다.

그렇게 왕국의 유산은 간악한 첫째 딸과 둘째 딸이 반분하는 것으로 정리되었다. 하지만 그 이후부터 본격적으로 비극이 시작된다. 권좌를 물려준 아버지는 딸들의 부양과 효도를 받으며 노후를 보내려고 했으나 배신당하고 만다. 첫째 딸과 둘째 딸 모두 자신의 성城에서 아버지가 잠깐이라도 머무르는 것을 허용하지 않고 내쫓아버린다.

몇 명의 기사들과 함께 광야로 내몰린 리어 왕은 노숙자로 전락해버린 스스로를 책망하다 미쳐버린다. 한때의 권력자는 '내가 누구인지 말해줄 수 있는 자가 누구냐'고 광분하며 외친다. 운 좋게 프랑스 왕과 사랑에 빠져 결혼한 코델리아가 원군을 이끌고 와서 아버지를 구출하지만, 뒤이은 전투에서 결국 포로로 잡혀 죽는다.

삶은 영원하지 않다

이처럼 한 사람과 그 주변의 삶이 철저히 뭉개져버리는 비극, 찬란한 영광을 무색하게 하는 몰락은 모든 인간이 언젠가는 약한 존재로 전락한다는 점을 시사한다. 리어 왕은 강한 권력욕을 가졌던 왕이 아니었다. 오로지 딸들로부터 사랑을 계속 확인받고 싶었던 아버지에 불과했지만, 그에게도 어김없이 좌절과 시련이 찾아오고, 결국 무너졌다. 셰익스피어는 이런 질문을 던지는 것이 아닐까. '당신은 지금 정말 행복한 배우라고 자신할 수 있냐'고 말이다. 또 이런 질문도 할 법하다. 당신이 내일부터 세상에서 가장 불행한 배우가 된다면 어떻게 살아갈 것인가?

그는 삶에 굴곡이 있었던 배우이자 예술가였다. 아들 햄닛 Hamnet의 죽음은 〈햄릿〉의 모티브가 되었고, 두 딸과 아내는 방치되다시피했다. 평생의 업적이 집대성된 글로브 극장은 1613년 〈헨리 8세〉를 공연하다가 갑자기 붙은 불로 전소되어버렸다. 극장의 지분을 보유하고 있었던 셰익스피어는 경제적으로 타격을 입게 된다. 겨우 문법학교만 졸업하고도 국왕과 귀족들로부터 위대한 시인이자 예술가로 인정받던 인생의 무대에 또 한번의 반전이 찾아온 순간이었다.

하지만 셰익스피어는 외롭게 세상을 등지거나 번민으로 일관하지 않고 인생길을 뚜벅뚜벅 걸어갔다. 인생은 멋진 주연으로 살아가다가도 초라한 단역으로 전락하는 순간이 오는 법이니까.

이방인이 되라,
베케트

누구에게나 '비주류' 또는 '이방인'으로 살아야 하는 시간이 있다. 세상은 매우 가파른 속도로 바뀌고, 그 속에서 요동치는 경쟁의 질서는 주류와 비주류를 금방 뒤바꿔버리기 때문이다. 이방인으로 살아가는 순간을 견디지 못하고 깊은 스트레스와 트라우마에 시달리는 사람도 많다. 하지만 미안하게도 이런 부류의 사람들은 '창의적'이라거나 '위대하다'는 수식어구를 달기에는 부족할지 모른다. 외부의 기준에 예민한 사람들은 타인의 인정을 통해서만 자기 존재 가치를 깨닫는 경우가 많기 때문이다.

자신이 진정 삶의 주인인 사람은 오히려 이방인이 되는 순간을 즐긴다. 그때가 곧 남의 시선 따위는 신경 쓰지 않고 오롯이 자신만을 바라볼 수 있는 기회이기 때문이다. 그들에게는 '어차피 세상 돌아가는 사정은 금방 바뀐다'는 지혜도 있다.

평생 이방인으로 살면서 정착민이 되기를 거부한 사람이 있다. 아일랜드에서 태어났지만 20대 시절 프랑스어와 이탈리아어에 심취했던 덕분에 과감하게 모국을 떠난 예술가. 작가 베케트Samuel Beckett는 떠남과 외로움을 즐기는 인물이었다. 베케트는 노벨 문학상을 탔다는 희소식을 들을 때도, 지나치게 유명해지는 것이 두려워 어딘가로 숨어버릴 정도의 은둔형 예술가였다. 또 그는 누군가가 기억해주고, 거장으로 기려주는 것 따위는 중요하게 여기지 않는, 자유로운 영혼의 소유자였다.

대부분의 성공한 예술가는 자신의 명성에 도취하기 마련이다. 그래서 어느 시점이 되면 젊은 날의 치열한 반골 기질은 사라지고 기득권에 의해 오염된 유명인으로 남는 경우도 많다. 하지만 베케트는 끝까지 장외場外에 존재하고자 했다. 권력이 자신만의 예술성과 재치를 갉아먹을까 우려했기 때문이다. 또 그는 집단의 힘을 별로 두려워하지 않은 이방인이기도 했다.

문화 권력의 제안을 거절하다

베케트는 아일랜드의 독실한 개신교 가정에서 태어났다. 몹시 활달하고 창의적인 아이였지만 억압적인 분위기 속에서 자라났던 것으로 보인다. 작가의 초년기는 탈출에 대한 목마름으로 가득 차 있었다. 글을 잘 쓰는 크리켓cricket 선수였다는 기록이 있다.

1920년대 말, 베케트는 더블린의 트리니티대학을 졸업하고 유럽에서 가장 자유롭고 컬러풀한 도시였던 파리로 건너갔다. 그곳에서 환상 문학의 대가 조이스James Augustine Aloysius Joyce와 조우한다. 눈이 불편한 그에게 글을 읽어주거나, 원고를 대필해주는 역할을 도맡으며 가장 가까운 제자이자 비서로서 조이스의 삶 언저리에 깊게 다가가기도 했다.

때마침 조이스에게는 루치아Lucia Joyce라는 딸이 있었다. 아름다운 무용수였던 루치아와 베케트는 금세 연인 관계가 되었다. 하지만 불행히도 루치아에게 정신질환이 생겨 정상적인 생활이 불가능해졌고, 나중에는 아버지인 조이스까지도 비슷한 병에 시달렸다. 그 무렵 베케트는 루치아와 결혼하라는 스승의 집요한 요구를 받았다. 문화 권력에 가깝게 다가가려면 그 선택을 했어야 할지도 모르지만, 베케트는 과감하게 요구를 거절했다. 그리고 조이스와의 관계를 정리한다.

비대칭적 관계 속에서 철저히 순종하는 캐릭터는 무엇인가를 생산하는 주체가 될 수 없다는 자각을 통해 선택한 일이었다. 스승과 헤어진 그해에, 베케트는 데카르트René Descartes의 생애와 관련된 시로 공모전에 당선됐고, 그 글은 1930년 시집『호로스코프Whoroscope』로 출간되었다.

베케트가 자신의 모국을 완전히 떠나 프랑스인이 되기로 결심한 것은 1937년에 정착하면서부터다. 더블린에서의 삶은 매우 따분하고 예측 가능한 일의 연속이었다. 그는 안정보다는 변화를 추구했고, 스스로 주도할 수 있는 상황과 공간을 필요로 했다. 한 나라의 국민이기보다는 사람이 되고자 하는 욕망이 강했다. 그래서 국적을 변경하는 데에 큰 어려움이 없었는지도 모른다. 그 후로는 철저히 프랑스인으로서의 자유로운 정신을 만끽하며 창작 활동을 거듭했다. 제2차 세계대전 중에는 독일군의 침탈에 저항하는 레지스탕스résistance 활동을 했다.

답을 거부하는 부조리극의 대가

프랑스의 해방 이후 1946년부터 베케트는 초고를 프랑스어로 쓰는 창작 생활을 시작한다. 그 이전까지의 작업은 영어로 초고를 쓴 다음, 프랑스어로 옮기는 순서였다. 하지만 2차 대전이 끝나면서부터 그는 논리보다는 비논리를, 일관성보다는 불확실성에 더 많은 관심을 갖게 된다. '이방인'으로서는 당연한 귀결이었는지도 모른다.

1952년 발표한 「고도를 기다리며En attendant Godot」는 바야흐로 화제작이 되었다. 줄거리는 이렇다. 주인공 에스트라공Estragon과 블라디미르Vladimir가 누군지도 모르는 고도라는 사람을 기다리며 무의미한 행동을 한다. 그러다 럭키Lucky라는 노예를 줄에 묶어 다니는 포조Pozzo가 등장해 한바탕 놀이를 한다. 그 후 전령사 역할을 하는 어느 소년이 튀어나와 '고도는 내일 온다'고 소식을 전하며 1막이 마무리된다.

2막에서는 계절이 변했고, 포조와 럭키가 각각 시각장애와 언어장애를 갖게 되었다는 것을 제외하면 1막과 거의 동일한 스토리가 재연된다. 관객들은 자연스레 그다음에도 등장인물들이 똑같은 짓을 하지 않을까 생각하게 된다. 사람들은 이처럼 의미가 불분명해 보이는 행위의 반복, 귀결이 모호하지 않은 대화 등을 가리켜 '부조리극'이라고 불렀다.

〈고도를 기다리며〉는 파리에서 1953년 초연되며 말 그대로 대박이 났다. 카뮈Albert Camus는 '우리가 살고 있는 세상 전체가 부조리'라며 충격적인 작품평을 전했다. 어떤 사람은 권태를, 누군가는 허무와 실존을 말하며 작품에 깊은 의미를 부여했다. 연극의 역사는 〈고도를 기다리며〉 전후로 바뀐다는 주장을 하는 평론가까지 나타났다.

하지만 베케트는 세상으로부터 얻은 주목과 인기에 크게 연연하지 않고, 부인과 함께 더욱 깊은 은둔 상태로 들어갔다. 이방인은 자신을 주연으로 만들어준 무대에 집착해서는 안 되었기 때문이다. 그 자신의 말처럼 소설, 영화, 라디오극 등 장르를 '왔다 갔다'하는 방식의 창작이 계속되었지만, 좀처럼 작가 본인이 여론의 전면에 나서는 모습은 찾아보기 어려웠다. 1969년 노벨 문학상 수상이 발표되었을 때에도 역시 작가는 현장에 없었다.

농경인이 아닌 유목인이 되라

베케트는 어린 시절 크리켓 경기에 열중했듯이 글쓰기도 치열하게 했다. 하나의 목표를 위해 혼신을 쏟아 집중해서 성과를 이루고 나면, 그 자리에 머무르지 않고 다음 포스트를 향해 나아가는 것이다. 자신의 작품을 하나의 언어로 쓰고 나면, 스스로 또 다른 언어로 번역하고는 했다.

하지만 원어 작성과 번역으로 이어지는 과정은 유통이나 재생산이 아니라 또 다른 형태의 혁신이었다. '나는 잘 빠져나올 거야. 이번에는 지난번처럼 되지는 않을 테니까!' 베케트는 자기 땅에 무한한 애착을 갖고 벗어나려 하지 않는 농경인이 아니라, 끝없이 새것을 추구하고, 실패하고 또 반복하는 유목인에 가까운 인물이다. 스스로도 여러 작품을 만들어내며 끝없이 '고도를 찾으러 다녔다'고 할 만큼 말이다. 세상의 조명과 인기에 연연하지 않은 것도 예술가로서는 보기 드문 태도였다.

이방인으로 살아가는 것은 매우 힘들다. 자기 삶과 주변에 대해 낯설게 보는 훈련이 되어 있어야 하기 때문이다. 현재에 안주하거나, 노력으로 성취한 것에 만족하거나, 획득한 권위에 기대는 것 모두 이방인들이 배격하는 행동이다. 그들은 무엇인가를 얻고 나면, 아주 잠깐 동안만 즐기고 그다음으로 나가는 버릇이 들어 있다. 그렇다고 편안하게 살지 말라거나 쉬지 않고 끊임없이 노력하라는 이야기가 아니다. 삶의 과정에서 얻은 성과와 기득권에 취하지 말고 새로운 지향점을 볼 줄 아는 눈을 키우자는 것이다.

베케트는 20세기 초에 태어난 문인 중 드물게 오래 살았다. 아마도 평생 이방인의 감각을 유지하기 위해 스스로를 단련시킨 덕분이었을 것이다. 「추방당한 자」의 한 구절처럼, 그는 자신이 어디에 있는지 모른 채, 햇볕을 쬐고자 '해가 뜨는 동쪽'으로 무작정 가고 또 갔을 것이다.

필요에 의해 예술하라,
르코르뷔지에

아파트는 현대인에게 정말 중요한 발명품이다. 이따금 치솟는 전세가나 매매가를 보며 인간이 삶을 뿌리내리고 사는 공간이 평당 단가로 재단되는 슬픈 현실을 자각할 때면, 왜 성냥갑 같은 집을 못 사서 안달인 시대를 살고 있는지 허탈해진다. 하지만 이때도 아파트가 안전하고 깨끗하며 효용가치가 높은 공동주택이라는 점은 인정할 수밖에 없다.

프랑스 건축가 르코르뷔지에Le Corbusier는 '누구에게나 편하게 살 집을 줘야 한다'고 외치며 인류 역사에 아파트를 선보였다. 어떤 문화 비평가는 만약 그가 대규모 공동주택의 비전을 제시하지 않았더라면, 인류는 이미 무산자無産者 계급 혁명으로

이행했을지도 모른다고 주장했다. 특히 유럽의 경우에 겉으로는 멋져 보이지만 정작 거주하는 사람은 생활하거나 관리하기에 불편한 벽돌 주택이 많다. 수백 년 된 주거의 임대료가 고소득 전문직 종사자의 등을 휘청이게 할 정도다. 그런 점에서 르코르뷔지에는 필요에 의한 예술로 인류에게 큰 선물을 안긴 사람이다.

집은 살기 위한 기계

'집은 살기 위한 기계'라는 르코르뷔지에의 말은 수백 년 된 도심 주택을 물려줄 여유가 없는 사람들을 위한 주장이었다. 건축가는 집을 짓는 방법과 재료를 표준화해서 최대한 많은 사람이 혜택을 누리게 하고자 했다.

그러나 그런 그도 처음부터 건축 지망생은 아니었다. 고향 스위스에서 많은 사람들이 그랬던 것처럼 아버지의 가업을 이어 시계를 만들거나 화가가 될 생각을 하고 있었다. 하지만 주변 사람들은 열일곱 살 때부터 르코르뷔지에를 주택 건설 현장에 끌고 다녔고, 그 결과 대학에서 건축을 전공하지 않고도 스무 살이 되기 전까지 아홉 채의 집을 만들었다.

20대 초반이 되어 파리로 이주하면서 건축가는 새로운 세상을 접한다. 당시 프랑스는 1차 대전을 거친 후 재건이 필요한 나라였다. 전통 유럽식 건축만으로는 그 목적을 달성하기 어려웠다. 그 이전에는 귀족들이나 상류층들의 입맛에 맞는 집짓기가 유행했지만, 1920년대 이후부터는 중산층을 겨냥한 건축이 절실했다.

르코르뷔지에는 독일의 유명한 실용주의 건축가 그로피우스Walter Gropius, 공업 디자이너 베렌스Peter Behrens를 만나 새로운 관점을 접했다. '형태는 기능을 따른다form follows function'는 믿음하에 만들어지는, 이른바 기능주의functionalism 건축이었다. 마치 공장에서 인간에게 필요한 물건을 만드는 것처럼, 집도 마찬가지로 이용하기 편하고 쉬운 곳이어야 한다는 논리에 바탕한 것이기도 했다.

르코르뷔지에는 '돔-이노Dom-inno' 모델을 통해 새로운 유행도 만들어냈다. 과거 유럽의 주택은 벽돌을 차곡차곡 쌓아 올려 집을 완성하는 조적組積 구조 방식이었다. 이 방식으로 지어진 집은 얼핏 고풍스러워 보일지 모르지만, 사용자 입장에서는 공간도 좁고 온·습도 조절에도 어려움이 있었다.

하지만 돔-이노 주택은 콘크리트 소재를 사용해 외면 기둥으로 건물을 떠받치게 하고, 내부의 입면과 평면은 자유롭게 쓸 수 있는 실용적 주거 형태였다. 창을 넓게 내서 빛을 풍성하게 느낄 수 있다는 것도 돔-이노만의 장점이었다. 사용자가 느끼는 쾌적도도 높고, 온·습도의 문제에도 한결 대처하기 편하다는 이점도 있었다.

르코르뷔지에는 건물이 땅과 닿는 지표면에 필로티를 내고, 바로 위층부터는 계단으로 여러 층들이 이어지는 형태를 직접 개발했다. 이 방식을 이용하면 한 건물에 층별로 여러 사람이 입주해서 살기 편하다는 이점이 있었다. 여러모로 혁신적인 접근법이었다.

과감한 도시 계획을 지향하다

새로운 집 모델이 각광받으려면 도시도 새롭게 바뀌어야 했다. 르코르뷔지에는 시민들이 살아가는 방식 또한 바꿔야 한다고 주장했다. 낮고 어두운 건물이 길게 늘어지고, 비좁은 도로에서 차와 사람이 한데 섞여 이동하는 도시는 바뀌어야 한다고 했다.

언제 어디에서 차가 튀어나와 사람을 치고 갈지 모르는 곳이 20세기 초반의 파리였다. 엄연히 위험한 기계인 자동차와 사람이 각각 다른 도로를 이용하고, 차도 자체를 넓혀서 교통을 편리하게 하는 등 보다 큰 차원의 조치가 절실했다. 지금은 매우 당연한 이야기지만, 그 시절에는 건물과 공간 자체에 대한 개념을 바꿔야 하는, 큰 숙제가 필요한 일이었다. 역사와 전통을 운운하며 혁신에 반대하는 기득권자들의 시선도 극복해야만 했다.

도시에 대한 사람들의 생각을 바꾸기 위해 르코르뷔지에는 《에스프리 누보L'Esprit nouveau》라는 매체를 창간한다. 자신을 비롯해 '모더니즘 건축'을 지향하는 사람들이 자유롭게 아이디어를 발표하고, 그것을 실현하기 위한 시스템을 논하는 잡지였다. 건축가들이 과감한 사회 비판을 하는 미디어 역할도 했다. 마르크스Karl Marx나 레닌Vladimir Lenin이 그랬듯, 매체는 세상을 바꿀 수 있는 힘이 있었다.

르코르뷔지에는 여기에서 더 나아가 1922년 '현대 도시Ville Contemporaine'라는 자신만의 신도시 계획안을 발표한다. 오늘날 '천박한 도시'라고 불리는 아이디어가 집대성된 기획이었다. 도시 중심부에는 60층짜리 고층 건물을 여러 개 짓고, 빈 공간에는 나무를 많이 심어 녹지의 비율을 늘리고, 차도와 인도를 나눠서 수십 대의 차가 한꺼번에 지나다닐 수 있는 교통 인프라를 구상했다. 스토리텔링storytelling과 전통이라고는 눈꼽만큼도 없는 '천박한 기획'이라는 평가를 피할 수 없었다.

하지만 르코르뷔지에는 이런 방식의 도시 혁명이 없으면 절대 인류가 윤택하게 살아갈 수 없다고 믿었다. 요즘 식으로 표현하면 '기본 주거권' 또는 '기본 생활권' 같은 것을 고민했던 것이다. 2차 대전 이후에는 체코슬로바키아, 동독, 미국 등의 국가들이 르코르뷔지에의 아이디어를 받아들여 신도시를 만들었다. 브라질의 계획 도시이자 행정 수도인 '브라질리아'도 비슷한 방식으로 만들어진 곳이었다.

실용적인 것이야말로 가장 숭고하다

르코르뷔지에는 유럽인을 비싼 세입자 신세에서 해방한 사람이기도 했다. 그는 2차 대전 후 프랑스의 마르세유와 낭트, 그리고 독일 베를린에 '위니테 다비타시옹Unité d'Habitation'이라는 주상복합 임대 아파트를 지었다. 위니테 다비타시옹은 한 건물 안에 무려 400세대가 입주해서 살 수 있는 신형 건축이었다. 내부에는 약국, 유치원, 피트니스 룸, 세탁소과 같은 편의시설도 들어서서 사람들이 자유롭게 이용할 수 있게 했다.

1962년 대한민국 서울에 들어선 마포아파트는 위니테 다비타시옹을 그대로 모방한 주택이었다. 중앙난방식에 10층 11개 동으로 초기 계획된 이 아파트는 엘리베이터까지 갖추고 있었다. 이런 시도가 있었기에 지금 우리는 가성비 좋고 안전하고 편한 집에 살고 있는지도 모른다. 물론 결론적으로는 성냥갑 같은 집이 유럽의 성보다 비싼 세상을 살고 있지만 말이다. 아날로그적 가치와 정신의 빈곤함은 있을지언정 사람들의 삶을 낮게 한 건축 모델이 마냥 '천박하다'고 비난받을 이유는 없어 보인다.

르코르뷔지에는 훗날 자신을 까대는 '포스트모더니즘' 건축가들을 향해 '치장'이 아닌 '필요에 주목하고 본질에 집중'하는 것이 '최고의 아름다움이자 품격'이라고 말했다. 또 그는 노년에 롱샹 성당 같은 영적인 건축을 선보이면서 인간성 부족을 운운하는 후배 세대의 코를 납작하게 했다. 오늘날 이 건축가를 마냥 실용주의자라며 낮춰 볼 수 있는 사람이 누가 있을까. 세상이 필요로 하는 공간을 가장 경제적인 방법으로 제공한 르코르뷔지에는 누구보다 숭고한 예술가다.

어떻게
남과 다르게
극복할 것인가

3부

역사

일상의 갈등을 해결하는
되새김의 기술

Adolf Hitler

Max Weber

Karl Marx

Maximilien de Robespierre

Martin Luther

司馬遷

나만의 흔적을 남겨라,
사마천

역사는 거창한 것이 아니다. 기억에 대한 기록이 모이면 역사가 된다. 과거 SNS 역할을 했던 싸이월드나 요즘의 트위터, 인스타그램 같은 곳에 남긴 개인적 흔적들은 '나의 역사'다. 수 년 뒤 들여다보면 손발이 오그라들지 모르지만, 모두 당시의 나를 솔직하게 마주할 수 있는 기록들이다.

이런 개인적인 역사와 달리 국가와 민족, 그리고 전 세계에 대한 데이터를 수집하고, 사명에 의해 기록하는 자들을 역사가라 한다. 자기 감정과 이해관계를 갖고 남에 대해 서술하기 시작하면 역사는 왜곡된다. 하지만 두 눈을 부릅뜨고 옛일을 정확하고 건조하게 다루는 사람은 '역사 권력자'가 되어, 그 힘으로 후대의 기억을 지배한다. 스스로 정당화될 수도 없고, 후세의 비판에서 자유로울 수도 없는 '위력威力자'와 대비된다. 역사가의 역할이 중요한 이유다.

흔적을 기록하는 집안에 태어난 사마천

역사를 이야기하려면 중국 문명에서 가장 유명한 역사책인 『사기史記』의 저자 사마천司馬遷의 삶을 들여다볼 필요가 있다. 그의 집안은 고대 주周나라 시절부터 기록을 주업으로 했다. 천문을 살핀 후 달력을 만들고, 역대 왕들의 이야기를 적는 것이 사마씨司馬氏의 일이었다. 지배자들은 그들의 역사 서술 능력에 대해 적절한 두려움을 가졌다.

사마천이 서른여섯 살 되던 해, 그의 아버지 사마담司馬談은 큰 충격을 받고 화병으로 사망했다. 그 이유인즉 당시 황제인 무제武帝로부터 완전히 무시를 당했기 때문이다. 권력자의 행보를 매 순간 적는 것이 역사가의 일이었지만, 사마담은 무제의 천제天祭에 참여하지 못했다. 하늘과 땅에 지배자로서 고하는 제례는 권력자들의 정통성을 내보이기 위해 고대 왕조부터 내려오는 행사였다. 역사가가 그 이벤트에 참여하지 못한다는 것은 그만큼 그의 존재가 무가치하게 여겨짐을 뜻했다.

사마담은 숨을 거두면서 아들에게 태사령太史令이 되어 자신의 유업을 완수해줄 것을 부탁했다. 당시 사마담은『사기』를 집필하고 있었다. 이후 사마천은 나라의 역사 편찬을 주관하는 태사령이 되어 긴 집필 작업에 들어갔다.

하지만 마흔일곱 살이 되던 무렵, 어마어마한 비극이 닥쳤다. 사마천이 궁형宮刑을 당하게 되었기 때문이다. 궁형은 생식기에 가하는 형벌로, 남성의 경우 거세를 뜻했다. 사건의 전말은 이렇다. 한漢나라 군사를 이끌고 이민족인 흉노匈奴를 치러 갔다가 오히려 항복한 이릉李陵이라는 장수가 있었다. 대부분의 관료들은 이릉이 배신자라고 여기고 가족을 전부 연좌해서 죽여야 한다고 주장했다. 하지만 사마천은 다른 의견을 냈다. 이릉이 오히려 병사들을 살리기 위해 일부러 투항했을 것이라는 변호였다.

그러나 사마천의 변호는 대장군 이광리李廣利를 지목한 것이 아니냐는 오해를 사고 만다. 이광리는 무제의 처남이었다. 무제는 쓴소리를 하는 역사가의 존재를 참지 않았다. 즉시 옥에 가두고 대역죄로 다스리려 했다. 거기에 더해 권력자는 역사가의 목숨을 두고 흥정을 했다. '반역자로 죽임을 당하든지, 아니면 거기 상응하는 책임을 지든지 선택하라'는 것이었다.

한나라 법에서 사형수가 죽음을 면하는 방법은 두 가지였다. 하나는 50만 전이라는 거금을 내는 것, 또 하나는 궁형을 자처하는 것이었다. 남성성이 권위이자 가장의 상징이던 시대였다. 통념대로라면 그냥 죽으라는 소리나 다름없었다. 돈을 지불하면서 사마천을 변호해줄 사람도 없었다.

그에게 마지막으로 남은 것은 살아남아서 역사를 남겨야 한다는 의지뿐이었다. 형벌을 담당하는 관료들은 몹시 잔인했다. 어느 무더운 여름날, 간수들은 날카로운 칼로 남자의 국부를 가격해 형벌을 집행했다. 그러나 더 큰 고통은 상처가 아무는 과정이었다. '하루에도 아홉 번이나 장이 뒤틀리는 아픔을 겪어야 했다'고 한다.

왜 살아남았는가, 써야 하기 때문이다

몸에 난 상처보다 더 아픈 것은 주변의 멸시였다. 가문을 대표해 관직에 오른 자가 죽게 되었으면 곱게 죽을 것이지, 굳이 거세까지 해가며 살아남아서 구차하다는 것이었다. 옥에서 나온 후에는 고위직이라지만 환관으로 살아야 했다. 하지만 사마천은 대역죄를 뒤집어쓰고 사형을 선고받은 친구 임소경任少卿에게 편지를 보내며 강한 자기 웅변을 했다. '써야 했기 때문에 살아남으려 했다'는 것이다.

이 변호는 사마천이 사기의 서문에 쓴 문구에도 드러나 있다. 자신이 인생 선배로 삼았던 성현들도 '울분과 격정을 토로해야 할 시기에 명작을 남겼다'는 것이다. 사람은 보통 성공 가도에 놓여 있을 때는 과거를 돌이켜보고 미래를 전망할 의지를 갖지 못한다. 하루하루가 즐겁고 현재가 최선이라는 생각을 하기 때문이다. 하지만 인생의 막다른 골목에 몰리게 되면 깊은 고민과 함께 반성을 하게 된다. 『한서漢書』「사마천전」에는 사마천이 친구 임소경에게 보낸 편지인 「보임소경서報任少卿書」가 실려 있다.

주나라 문왕은 구금되었을 때 『주역周易』을 풀이했고, 공자는 곤궁했을 때 『춘추春秋』를 썼다. 굴원屈原은 추방당하고 나서야 「이소離騷」라는 문학을 남겼고, 좌구명左丘明은 눈이 먼 후에야 『국어國語』를 집필했다.

사기는 역대 군주들과 지도자들의 이야기를 다룬 본기本紀와 영웅호걸 등 당대를 풍미한 사람들의 이야기를 다룬 열전列傳을 포함해 130편의 역사서로 구성되었다. 사마천은 남성 중심의 역사가 주류이던 당시, 황제들의 이야기가 담겨야 할 본기에 한나라 고조高祖의 부인인 여태후呂太后를 집어넣었다. 한나라 초기 황제와 황족들을 끌어내리고 올리며 권력을 구가했던 여씨를 군주들과 동렬로 취급했다. 그 이유가 기가 막히다. 『사기』9권 「여태후본기」에 실린 내용이다.

여태후가 여자 군주가 되어 제도를 정비하며 정치가 내궁에서 이루어졌지만, 천하는 편안했다. 형벌을 쓰는 일, 죄인도 드물었고 인민들은 농사에 힘을 쓰니 입고 먹는 것이 풍족해졌다.

기득권충들끼리는 피비린내 나는 싸움을 벌였을지 몰라도, 백성을 이롭게 했으니 역대 군주들과 동급이라 할 만하다는 주장이다. 당시로서도, 지금 평가하기에도 위험천만한 해석이다.

『사기』열전에서 가장 먼저 앞서는 인물은 백이伯夷와 숙제叔齊다. 나라가 망한 이후 수양산으로 들어가 풀만 뜯어 먹다가 죽은 의로운 사람들이다. 제일 마지막에 서술되는 사람들은 화식貨殖, 즉 자본가들이다. 절개와 신의를 지킨 사람들을 우선시하고 부귀영화를 누린 자들은 나중으로 하는 사마천의 철학적 관점이 담긴 배치다.

또 사마천은 무제 가까이에 있었던 탐관오리들의 사례를 매우 풍부하게 소개했다. 살아 있는 권력에 대한 비판을 겸한 것이었다. 황제의 외삼촌인 전분田蚡과 친할머니의 조카 두영竇嬰이 벌였던 권력 다툼이 『사기』 107권 「위기무안후열전魏其武安侯列傳」에 매우 신랄하게 소개되었다. 무제는 그들을 가차 없이 숙청했지만, 친족이었던 자들의 결점을 후대에도 계속 남긴다는 것을 상당히 불편하게 여겼을 것이다.

있는 그대로 적기에 강하다

중국의 어느 철학자는 이런 말을 남겼다. '사마천은 누구나 기억하지만, 한 무제를 기억하는 사람은 드물다'고 말이다. 역사를 쓰는 사람은 많은 것들을 이겨낸 자들이다. 우선 자신의 취향과 이해관계로부터 자유로워져야 한다. 현세의 권력자와 어색해지는 것도 감내해야 한다. 편안하고 쉬운 삶과 결별할 준비도 해야 한다. 사마천은 역사를 써내려가면서 주변 사람들에게 종종 내면의 목소리를 전했다고 한다. '내가 여기서 더 살아서 무엇 하겠나?' 사마천은 솔직한 기록으로 인간의 의식과 사고를 지배하는 정신의 고속도로를 낸 장본인이다.

우리 모두 저마다 스스로의 삶에 대해 객관적이고 건조한 기록을 남기는 습관을 들이면 어떨까. 스마트 기기가 보급되고 매체가 다양해지면서 '일기'를 쓰는 사람은 줄고 있을지 몰라도, SNS를 통해 자신의 일상을 기록하는 사람들은 늘고 있다. 자신의 삶을 추적할 수 있을 정도로 기록한다는 의미의 라이프로깅 lifelogging이라는 단어도 있다.

인스타그램, 페이스북상에서 연극성으로 보여주는 삶의 장면들이 아니라 자신에게 정직하고 탄탄한 평가로 무장된 기록이 필요하다. 물론 그중에는 남에게 보여줘도 될 만큼 잘 정리되고 그 자체로 훌륭한 삶도 있을 것이다. 포장과 연기가 아니라, 진심을 담은 기록이 절실한 시대다. 나와 세상을 솔직하게 바라보고 적어가는 '진짜 역사가'가 계속 나왔으면 한다.

갑질에 굴복하지 말라,
루터

종교개혁가 루터Martin Luther는 역사상 가장 무모한 '갑질 고발
자'가 아니었을까. 루터는 교회가 사람의 목숨을 좌우하는 시대
를 살았던 인물이다. 그 시절에는 종교 권력이 요구하는 대로
생각하고 말해야 했다. 조금이라도 반하면 파문을 당하고, 화형
에 처해지는 시대였다. 실제로는 반反교회 분자가 아니었음에
도 이단 또는 반역자로 몰려 죽는 사람도 부지기수였다.

그렇게 무척이나 험한 시대에 '교황의 판단도 틀릴 수 있다'
'성직자의 기도가 아니라 개인의 기도와 믿음으로 구원을 받는
다'는 루터의 주장은 미치지 않고서야 불가능한 메시지였다. 아
니, 어쩌면 별종이었기 때문에 가능한 선언이었는지도 모른다.

권력의 우위에 있는 사람이 약자에게 하는 부당 행위를 뜻하는 갑질은 오늘날 많은 상황에서 폭넓게 나타난다. 갑질의 다양한 유형 중에 가장 악한 행태를 꼽자면 '나는 무조건 옳다'고 주장하는 사람으로부터의 갑질일 것이다. 보통은 완력을 쓰는 사람이라도 내심 부끄러움을 가지는 것이 정상이다. 이 경우 갑질에 대해 비난받으면 묵묵부답하는 정도의 '염치'는 보인다. 하지만 자신이 틀릴 수 있다는 판단 자체를 하지 않는 사람은 '무오류성'을 인정하지 않는 약자를 완전히 말살하려 한다.

그런 점에서 루터는 500년 전 매우 성공적인 저항을 했던 운동가로 볼 수 있다. 자신의 주장을 효과적으로 알렸고, 그다음에는 지지 세력을 만듦과 동시에 오랫동안 살아남을 개혁의 전통을 만들었으니까 말이다. 갑질을 극복하려는 사람들에게는 교과서와 같은 인물이라고도 볼 수 있다.

권력자의 가치를 내면화한 시대를 살다

루터가 살았던 시대에는 가톨릭교회가 개인의 행복은 물론이고 생사 여부까지 주관할 수 있었다. 오늘날의 천주교를 비판하자는 이야기는 아니다. 당시의 사회는 종교가 곧 권력이었다. 그리고 민중은 권력자의 가치를 철저히 내면화했다. 거기에 저항하면 죽어서 지옥의 불구덩이에 떨어질 것이라 믿었기 때문이다. 교황은 예수의 법통을 이은 신적 존재였다. 그가 옳다면 옳고, 틀리다면 틀린 것이 신앙의 모습이었다.

루터도 원래는 질서에 협조하는 사람이었다. 오늘날 역사가들은 루터를 '개신교의 아버지'라고 말하지만, 그는 가톨릭 수도사로 출발한 사람이다. 독일 중동부에서 광산업자의 아들로 태어나 제법 여유 있는 삶을 살다가 어느 날 빛처럼 깨달음을 체험하고 성직 입문을 결심한 것이 계기였다.

루터의 열정은 남달랐다. 금욕과 고행, 기도로 하루하루를 살며 신과 직접 소통할 수 있는 사제가 되기를 원했다. 주기적으로 가톨릭의 성지 로마를 순례하며 순교자들이 거닐던 곳을 찾기도 했다. 하지만 생각이 깊어질수록 루터의 마음속에서는 묘한 의문이 피어올랐다. '과연 신은 나의 이런 고행을 흔쾌히 받아들이고 계시는가?' 이때까지만 해도 루터는 교회의 가르침에 대해 별다른 의문을 품지 않는 모범생이었다.

하지만 서른 살에 비텐베르크대학의 신학부 교수가 되면서 루터의 관점이 조금씩 달라지기 시작했다. 제법 엘리트 성직자라고 분류될 만한 시점에, 세상을 바라보는 또 다른 눈이 생긴 것이다. 독일 전역의 사정을 돌아보니 사제라는 사람들이 정말 가당치도 않은 짓을 하고 있었다.

'교회에서 발행하는 면죄부라는 증서를 매입하면, 죽은 이후 천당으로 갈 수 있다'는 캠페인이 성행했기 때문이다. 어떤 신부는 '헌금함에 쨍그랑하고 동전 넣는 소리가 나는 순간, 영혼

이 구원받는다'는 사이비 믿음을 유포하기도 했다. 예수가 예루살렘 성전 안에서 발견한 '종교 장사치'들의 모습과 별반 다를 것 없는 행태였다.

가톨릭교회가 그토록 타락하게 된 배경에는 무리한 성 베드로 대성당 건축 프로젝트가 있다고 해석하는 사람들도 있었다. 그 이론에 따르면 로마 교황과 독일의 고위 성직자들은 민중을 '어린 양'이 아니라 '착취 대상'으로 보고 그들을 점점 정치·경제적으로 옭아매려고 하고 있었다.

처음에 루터는 가톨릭교회의 유명한 신부들과 지도자들에게 '이대로는 안 된다'는 식의 설득형 편지를 썼다. 하지만 대다수는 그의 개혁 촉구 메시지를 무시했다. 더 많은 사람이 공감하게 하려면 메시지가 훨씬 구체적이어야 했다. 1517년 10월 31일, 루터는 비텐베르크성 교회의 정문에 '95개조 반박문'이라는 글을 써 붙였다. 나름대로 이목을 끌어 매우 효과적으로 갑질 반대 운동을 한 것이다.

성공을 이끈 루터의 일관성

'95개조 반박문' 게재 소식을 들은 로마 교회는 루터에게 겁을 줄 목적으로 사제들을 파견했다. 하지만 그들을 당황시킨 별종은 거짓말을 하거나 없는 말을 지어내는 인물이 아니었다. 루터를 굴복시키려고 파견된 가톨릭 신학자들은 난상토론에서 제대로 근거를 제시하지 못하고 번번이 깨졌다. 그들은 상대방의 허점을 구체적으로 파고들기보다는 루터의 주장이 과거 파문당한 자들의 논리를 답습한 것이라는 얕은 술수만 남발했다.

성직 매매를 반대하다 사형당한 후스Jan Hus, 라틴어 성서를 영어로 옮기는 큰 업적을 세웠지만 이단 선고를 받은 위클리프 John Wycliffe 같은 사례가 반대자들이 제기하는 비교 대상이었다. 루터는 공포감과 인신공격으로 가득한 적들의 말에 눌리지 않고 꾸준히 같은 입장을 유지했다. '인간은 오직 믿음으로써만 구원받을 수 있다'는 것이었다.

급기야 신성로마제국의 황제 카를 5세Karl V가 나서 루터를 겁박하는 일까지 벌어졌다. 오늘날 보름스 국회라고 부르는 회의였다. 황제는 루터의 면전에서 '너의 논리를 포기하지 않으면 제국에서 생존권을 박탈하겠다'고 으름장을 놓았다. 당시 신성로마제국은 오늘날 독일과 오스트리아, 네덜란드, 폴란드를 광범위하게 포함하고 있었다. 시민으로서 반드시 보장되어야 할 안전의 권리를 박탈하겠다는 뜻이었다.

하지만 루터는 여기에도 굴하지 않고 당당하게 외쳤다. '성서와 이성에 입각한 진리를 바탕으로 내 주장이 틀렸다고 입증되지 않으면 절대 철회할 수 없다'고 말이다. 또 덧붙였다. '내 양심은 오직 신께 사로잡혀 있다'는 것이다. 양심의 자유가 선언되는 순간, 진정한 근대적 지성의 씨앗이 싹트고 있었다.

물론 루터는 담대함을 유지한 결과 독일 전체에서 도망자나 다름없는 신세가 되었다. 하지만 수많은 정치적 지지자와 후원자를 얻을 수 있었다. 작센 선제후를 비롯해 황제와 대립 관계에 있었던 독일 영주들이 루터의 편에 섰고, 그들은 자신의 지역을 가톨릭교회가 아닌 루터교를 믿는 지역으로 바꿨다. 여기에는 어떤 마케팅이나 외교도 작동하지 않았다. 어리석을 만큼의 일관성이 사람들을 감화시킨 것이다.

저항을 새로운 조류로 만들어낸 독일어 성서

루터가 작센의 한 성에 틀어박혀서 수년간 작업했던 '독일어 성서'는 기존 권력에 대한 저항을 새 흐름으로 만들어내는 촉발제가 되었다. 그전까지만 해도 성서는 라틴어로 되어 있어 일반 대중이 읽고 이해하기 힘들었다. 교회의 미사 강론이나 사제의 해석을 통해서나 성서의 내용을 들을 수 있었다.

루터는 사람들이 자신의 믿음으로 구원받는 세상을 만들려면 저마다 쉽게 읽고 기억할 수 있는 텍스트가 필요하다고 믿었다. 특히 지적 훈련을 거치지 않은 서민들이 자유롭게 접근할 수 있는 지역어 성서를 절실하게 여겼다. 각고의 노력 끝에 발표된 독일어 성서는 기독교 교리의 확산뿐만 아니라 문맹 퇴치와 문화 발전에도 크게 기여했다.

갑질당하는 것을 좋아하는 사람은 없다. 저항하고 거부하면 당할 불이익을 두려워할 뿐이다. 하지만 전면에 나서는 인물이 없으면 변화는 절대 만들어지지 않는다. 나중에는 갑의 논리를 스스로 내면화해 요구받은 것 이상으로 충성하는 굴종이 대물림된다. 누군가에게 당당하게 항의해야 할 때 제대로 용기가 나지 않는다면 루터의 일생을 들여다보는 것도 꽤 좋은 동기부여가 될 것이다.

평범한 타인의 감정을 무시하지 말라, 로베스피에르

'프랑스혁명'을 처음 접한 것은 만화 〈베르사유의 장미〉에서였다. 철없는 왕비 앙투아네트Marie Antoinette를 지키는 남장 여자 근위대장 오스칼Oscar François de Jarjayes에 대한 이야기다. 극의 흐름상 혁명의 먹구름이 한참 드리워지는 와중에 어떤 남자 하나가 등장한다. 주인공 오스칼을 두려워하던 반골 변호사 로베스피에르Maximilien François Marie Isidore de Robespierre다.

로베스피에르는 서민들이 모인 술집에서 혼자 술을 마시는 주인공에게 "왕실 근위대장 오스칼님이 아니시냐"고 큰 소리로 말을 걸며 그가 사람들에게 얻어맞게 만든다. 1780년대 말 프랑스 백성들은 왕이라면 이를 갈았다. 하지만 격랑의 세기는 군사 귀족이었던 주인공과 찌질한 변호사가 한 배에 타게 만든다. 왕당파였던 오스칼이 보기에도 프랑스 왕실은 모순과 무능 덩어리였기 때문이다.

시간이 흘러 만화가 아닌 책으로 접한 프랑스혁명 속에서 로베스피에르는 권력만 추구한 찌질한 변호사가 아니었다. 그는 치열하게 현실에 대해 고민하고 나름대로 답을 얻은 결과 폭력으로 왕조를 뒤엎은 전략가였다. 하지만 이 혁명 정치가는 인간의 감정을 이용해 권력을 거머쥐었으면서도, 정작 그것을 향유하는 동안에는 철저하게 대중의 감성을 무시했다.

그 결과 혁명 정부를 만든 지 몇 년 안 되어 자신이 왕을 제거했던 것과 똑같은 방법으로 처형되었다. 어쩌면 오늘날에도 로베스피에르의 길을 걷고 있거나 그를 답습하려는 독재자들이 곳곳에 있을지도 모른다. 굳이 정치 현장이 아니더라도.

인권 변호사에서 이성 숭배자의 길로

로베스피에르는 원래 인권 변호사였다. 가난한 노점상이나 사형수를 변호했다. '연좌제는 인권 침해'라는 논문을 스물세 살에 발표해 프랑스 사회에 신선한 충격을 주기도 했다. 다소 고지식한 편이었지만 주변 사람들을 배려하고 약속한 것은 반드시 지키는 성품을 갖추고도 있었다. 한마디로 '참 괜찮은 사람'이었다.

그런 로베스피에르가 정치를 시작한 것은 1789년 세 신분의 대표자가 만나는 신분제 의회의 대표로 선출되면서부터였다. 그는 제1, 2신분에 속한 성직자, 귀족이 아닌 시민을 뜻하는 '제3신분' 대표로 활동했다. 그리고 사형제 폐지, 여성 인권 신장과 같은 혁신적인 입법 활동을 하며 오피니언 리더로서 세를 모았다.

당시 프랑스의 부르봉Bourbon 왕조는 연이은 악재로 국민의 신뢰를 잃고 있었다. 1785년에는 가뭄, 1787년에는 홍수, 1789년에는 겨울 추위와 전염병이 사회를 마비시켰다. 그런 와중에 왕실의 살림살이를 떠받치느라 어마어마한 재정이 집행됐고, 그 부담은 고스란히 국민 세금으로 전가되었다. 루이 14세Louis XIV 시절부터 외국과 전쟁을 하면서 나라가 진 빚들도 커다란 악재였다.

이런저런 난관을 타개하지 못한 프랑스 왕과 정부는 빚 갚기를 포기하고 '채권자'들에게 일반 국민을 상대로 세금을 거두는 권리를 주는 식으로 매듭지었다. 최악의 조치였다. 오랫동안 빚을 돌려받지 못한 상인들, 귀족들은 세율을 점점 올려서 시민들을 착취했다. 로베스피에르는 깊은 분노를 느끼며 회의적 질문을 하게 되었다. '전통 프랑스 사회를 떠받친 교회, 그리고 그들이 섬기는 신이 도탄에 빠진 백성을 위해 한 일이 무엇인가?'

종교는 권력자들도 한 사람의 인간으로 취급하고 끊임없이 회개하고 반성하라고 촉구한다. 하지만 가톨릭교회는 고통받는 국민을 대변하기는커녕, 국왕과 귀족들의 편에 서서 '국민에게 빚을 받아내자'는 식의 입장을 취했다. 성직자들이 수탈에 앞장선 것이다.

로베스피에르는 이때부터 기독교의 창조주와 예수가 아니라 이성이 지배하는 새 사회의 가능성을 고민했다. 기득권층이 섬겨왔던 신보다 더 정의롭고, 불편부당하며, 보편적인 절대자가 필요했던 것이다. 이성을 숭상하는 계몽사상가들에게 영향을 받은 점도 있었다.

그렇게 합리와 정의를 추구하다 보니 동조자가 생겼고, 정치적인 세가 불어났다. 혁명가는 자신을 지지하는 정치 클럽 자코뱅Jacobins을 중심으로 군주제도와 교회 제도의 타도를 외쳤다. 피를 흘리는 혁명도 마다하지 않았다. 이성의 가치를 실현할 수 있다면 무엇이든 해야 했다.

'인권 선언' '국민의회' 같은 프랑스 혁명의 주요 사건이 벌어지는 동안 로베스피에르는 뒤에서 철저히 무력에 의한 새 국가 건설을 기획했다. 지나간 시대의 흔적을 전부 지우려면 그 방법 외에 없었기 때문이다.

상황은 혁명가가 원하는 대로 흘러가 1793년 단두대에서 루이 16세와 앙투아네트 왕비의 목을 치기에 이르렀다. 같은 해에 혁명 정부는 그리스도교를 공식 종교가 아니라고 선언하고 볼테르Voltaire, 루소Jean Jacques Rouseau와 같은 계몽사상가들이나 카이사르를 죽인 브루투스Marcus Junius Brutus, 그리고 이성신理性神 같은 존재를 섬기기 시작했다.

각 지역의 성당은 이성의 여신이 사는 전당으로 변신했다. 로베스피에르는 그 또는 그녀를 '최고 존재'라고 부르며 '세계를 지배하는 영혼 불멸의 이성, 평온한 삶의 기초'라고 강조했다.

이성 숭배의 결과는 폭력 정치

혁명 정부는 철저한 계획과 관리하에 국가를 이끌어나가려고 했다. 대표적인 사례가 우유 가격에 상한을 둔 최고 가격제다. 서민들이 필수 음식을 너무 비싼 가격에 먹고 있다는 문제의식에서 시작한 제도였다. 하지만 축산 농가들은 낮은 수익성으로 고전하다 결국 젖소를 내다 팔기 시작했다. 본의 아니게 우유 가격 안정화 정책은 소고기 가격이 대폭 낮아지는 효과를 낳았다.

그러면 사람들이 소고기라도 더 싼 값에 먹을 수 있었을까? 전혀 아니다. 젖소가 대규모로 도축되면서 우유 생산 체계도 무너졌다. 상품의 공급이 귀해지면 가격은 자연히 오르게 마련이다. 우유 가격은 가격 상한령을 발표하기 이전보다 세 배 이상 올라 부유층들이나 사 먹을 수 있는 수준이 됐다. 군중은 분노했다. 더 이상 누구도 혁명이 자신의 삶을 낫게 할 수 있다고 믿지 않았다.

정부는 대중의 부정적 감정을 다른 쪽으로 돌려놓고자 했다. 국정을 운영하면서 주류와 종종 입장이 부딪혔던 당통Georges Jacques Danton이 희생양이 되었다. 당통을 공격함과 동시에 반대 파들을 긴장시킬 목적이었을 것이다. 1794년 4월 로베스피에르에게 가장 가까운 혁명 동지였던 당통파의 일원들이 반역 및 부패의 죄목을 뒤집어쓰고 단두대의 이슬로 사라졌다. 하지만 권력자의 기대와 달리 대중은 공포정치의 잔혹함을 더욱 비판할 뿐이었다.

'이성의 시대' 한가운데에서 프랑스 국민들은 귀족 제도 치하 못지않게 혁명 정부 치하에서 존재 가치를 무시당하고 있다고 느꼈다. 로베스피에르 본인은 세상이 바람직하게 바뀌고 있다고 믿었을 것이다. 하지만 민중은 갖가지 전통과 문화를 혁명의 이름으로 저주하며 헤집어놓는 정치에 신물을 냈다.

공포정치는 인간을 가축처럼 죽이는 폭정이었다. 위정자들이 국민을 사람답게 대접하지 않는다는 느낌, 그들끼리의 초超이성이 대중의 감성을 압살하고 있다는 느낌은 점점 원망으로 발전하고 있었다.

가톨릭 미사와 축일祝日의 거리 축제를 폐지한 후 만들어낸 '최고 존재의 제전La fête de l'Être suprême'은 몹시 지루한 행사였다. 로베스피에르는 잘 정돈된 새 종교의식을 통해 민중을 완벽히 계몽할 수 있을 것이라 믿었다. 대중이 좋아하는 쾌락적, 설화적 요소들은 전부 빠지고, 교육적인 속성이 있는 콘텐츠만 종교 행사 안에 끌어모았다. 그 결과 제전은 이데올로기를 위한 선동 도구로 전락해버렸다. 이게 무슨 '피난길'이냐며 의식 참가를 위한 행렬을 비웃는 군중도 많았다.

다른 사람의 감정을 읽어내라

로베스피에르는 왕을 단두대에 세운 뒤 채 2년이 되기 전에 똑같은 방식으로 죽음 앞에 섰다. 자코뱅 당 출신의 혁명 지도 자들이 단행한 공포정치에 진절머리를 내던 사람들로부터 탄핵을 당했기 때문이다. 처음에는 혁명가 자신도 모든 것들이 계획한 대로 될 줄 알았을지 모른다. "너에게는 다 계획이 있구나?"라는 질문, 사실은 별로 좋은 물음은 아닐지도 모른다. '그 계획 때문에' 망하고 죽임까지 당할 수 있기 때문이다.

우리가 살아가는 세상은 불확실성 투성이다. 다양한 이들이 모여 사회를 이루고, 그들의 행동은 이성 못지않게 감정에 많은 지배를 받는다. 따라서 무슨 일을 추진하든지 평범한 사람들의 감정적 합의를 이끌어낼 수 있는 절차를 고민해야만 한다. 미디어와 SNS를 통해 수많은 의견이 금세 표출되고, '대세'가 쾌속으로 만들어지는 세상이다. 이제 중요한 것은 '사실'보다 '합의'다.

그러므로 타인에게 '옳음'을 강요하기보다, 그의 옳음과 내 옳음 사이의 거리를 좁히는 것이 중요하다. 합의되지 않은 진실은 얼마든지 가짜 뉴스나 거짓이라고 비판받을 수 있고, 로베스피에르처럼 죽지는 않아도 '사회적 단두대'에 서게끔 할 수 있다. 프랑스의 첫 공화 독재자는 자신이 세운 계획에서 어긋나는 사람들의 감정을 무시했다. 처음에는 그들을 불편하고 부담스럽게 했고, 나중에는 가만히 있어도 미워하는 감정을 갖게 했다.

오늘날에도 마찬가지다. 내 '편견'과 '취향'을 받아주는 소수의 지지자들에게만 취해 다수의 의견과 감정을 무시하는 인물은 언제든 미끄러지게 되어 있다. 민심은 이율배반적이며 야수와도 같은 것이다. 흐름이 바뀌면 내 옳음을 지지하던 사람들이 적으로 바뀔 수도 있다. 그래서 우리는 타인의 감정선을 논리와 사실만큼이나 중요하게 여겨야 한다.

그리고 끊임없이 염려해야 한다. 혹시나 '그들'이 소중하게 느끼는 가치를 하찮다고 무시하지는 않았는지, 나름대로 옳게 돕는답시고 상대방의 자존심을 건들지는 않았는지, 썩 괜찮아 보이는 조언이 누군가의 실생활을 영 딴판으로 실패하게 할 위험은 없는지.

믿음을 끝까지 밀고 가라,
마르크스

"마르크스라고? 아냐! 맑스라고 불러야 맞지." 과거 학창 시절에 운동깨나 했다는 사람들이 종종 했던 말이다. 마르크스는 일본어 번역을 그대로 한국어에 옮긴 것이고, 맑스는 독일어 원음에 가깝게 옮겼다는 것이 그들의 주장이었다. 어떤 학내 동아리는 날씨가 '맑다'와 미래는 '맑스주의다'의 의미를 합친 '내일은 맑습니다'라는 중의어로 자신들의 행사를 알리기도 했다.

그런데 이처럼 심오한 생각을 하는 이들 중에 마르크스의 원문을 그대로 독파한 사람은 거의 없었다. 수식만 없다 뿐이지 경제학적 원리와 철학의 비유를 현란하게 섞은 『자본론Das Kapital』은 대학생 수준에 읽기 어려운 고전이었다. 마르크스를 위대한 혁명 사상가라고 존경하면서도 정작 그가 어떻게 살았는지 기억하는 사람은 더더욱 없었다.

마르크스는 어떻게 해서 19세기를 넘어 20세기까지 점령한 인물이 되었을까. 거의 모든 국가에서 실패한 사회주의지만, 역설적으로 그만큼 전염성이 강한 이념도 역사상 드물다. 중국과 북한은 각각 공산당과 노동당을 유지하고 있고, 일본에도 공산당이 남아 있다. 아직도 유럽에서는 사회민주당이 매우 중요한 진보 정당이다. 일부 학자들은 말한다. '정치인인 레닌과 스탈린Iosif Vissarionovich Stalin이 사회주의 정책에 실패한 것이지, 마르크스의 이론적 사회주의는 망하지 않았다'고 말이다.

강남 좌파가 주장한 계급론

무산자의 혁명을 주장했던 마르크스는 사실 유산계급 출신이었다. 그것도 유대계 독일인 변호사의 아들이었고, 외가 친척은 전기 회사 필립스의 설립자였다.

마르크스를 사회주의 사상의 길로 이끈 인물은 훗날 장인이 되는 루트비히 폰 베스트팔렌Johann Ludwig Freiherr von Westphalen이라는 프로이센의 귀족이었다. 그는 마르크스의 아버지 하인리히Heinrich Marx와 친하게 지내며 친구의 아들에게 프랑스, 영국의 자유주의와 이상적 사회주의 관련 서적을 소개했다. 막연히 문학과 고전을 사랑했던 소년은 진보적 귀족의 서재를 드나들며 반체제 사상을 지닌 학생으로 자라났다. 요즘 말로 '강남 좌파'라고 할 수도 있겠다.

아버지가 돌아가신 후 마르크스는 더욱 급진적인 길로 나아갔다. 유산계급의 삶이 아니라 혁명 지식인으로 성장하기를 추구했다. 대표적인 전환이 법학을 포기하고 철학을 전공으로 택한 것이다. 군주제 비판자라는 위험한 낙인도 받게 되었다. 무신론자에다 왕정에 대해 매우 냉소적이었던 마르크스는 좌파적 관점에서 사회를 비판하는 청년들과 어울렸다. 이른바 학생 운동권이었다.

프로이센 정부는 이들을 매우 불순한 반동으로 분류했고, 사회에서 자리 잡지 못하게 박해했다. 이때 보안 당국의 블랙 리스트에 이름이 올라갔던 마르크스는 철학 박사 학위를 받고 나서도 강사 자리 하나 얻지 못했다. 그래서 시작한 것이 진보 언론 활동이었다. 《라인 신문Rheinische Zeitung》의 편집장으로 취임해 매체에서 독일 정치와 관련된 신랄한 비판을 담은 칼럼과 기사를 쓰며 지식 소매상의 길을 걸었다.

그러다 운명처럼 만난 대상이 바로 '노동자'였다. 그 이전까지만 해도 헤겔, 피히테Johann Gottlieb Fichte 같은 사상가들은 역사를 진보시키는 인간의 자유의지에 주목했다. 하지만 자유의지로 세상을 바꿀 만큼의 능력과 영향력을 지닌 사람은 많지 않은 것이 현실이었다.

마르크스는 기성 사상가들의 역사관은 지극히 엘리트주의적 사고라고 보고, 다수 대중인 노동자들의 성실함과 소중함에 주목해야 한다고 주장했다. 이때까지만 해도 혁명이나 투쟁 개념은 무르익지 않았지만, 무산계급인 노동자들을 역사의 핵심 주체로 설정하는 강렬한 메시지는 빛을 발하고 있었다.

유럽의 각국 정부는 계급 개념을 들고 나온 혁명 지식인 일당을 매우 우려했다. 1789년 프랑스혁명 이후 전 유럽의 봉건 질서가 뒤흔들렸고, 1797~1815년에 걸친 나폴레옹 전쟁으로 자유민권 개념은 대륙에 널리 퍼졌다. 마르크스와 동료들이 말한 계급론은 왕정과 귀족을 부인하는 수준을 넘어서 국가를 해체하자는 수준의 혁명이었다. 선거권에도 규제가 있던 시대에는 도저히 받아들여지기 힘든 이념이었다. 이에 프로이센 정부는 '러시아 군주제 전복을 주장하는 등 사상이 불순하다'는 빌미로 비판적 매체로 분류된 《라인 신문》을 폐간시켜버렸다.

굴하지 않고 노동 소외를 외치다

마르크스는 탄압에 굴하지 않고 프랑스로 망명했다. 파리는 사회주의 사상의 용광로였다. 무정부주의, 이상적 사회주의 등 다양한 좌파 이념의 사조가 자유롭게 토론되고 있었다. 이 시절부터 인생의 동지였던 엥겔스Friedrich Engels와 함께 본격적인 운동의 길에 접어들었다. 그는 부유한 은행가의 아들이면서 사회주의자였다. 동시에 마르크스의 생활고를 계속 경제적으로 후원하며 그의 사후에는 『자본론』 2권과 3권을 출간해주기까지 했다.

파리 체류기는 경제학 연구의 시대이기도 했다. 노동자들이 해낸 일의 가치가 왜 돈 몇 푼으로 재단되는가에 대한 고민이 이어졌다. 이 맥락에서 개발된 개념이 '노동 소외Alienation of Labor'다. 가령 각각 시간당 10달러의 번역 아르바이트와 물류 배송 아르바이트가 있다고 하자. 두 노동은 엄연히 다른 내용의 것이다. 하지만 자본가들은 지불하는 노동 임금이 같다는 이유로 비슷한 수준으로 취급할 수 있다. 이때 노동 소외가 일어난다.

사람이 자신이 해낸 일 자체의 가치를 인정받지 못하고 돈으로만 분류당하는 것이다. 하나의 인격이 부정당하는 상황이기도 하다. 사람들이 이 구도에 순응한다면 착취가 끊임없이 이어지겠지만, 노동 소외를 부정하고 시정을 요구하기 시작하면 계급 간 대립이 생긴다. 그리고 급기야는 폭력 혁명이 발생한다.

마르크스의 사상은 무산자들이 권력을 탈취해 '새로운 세상'을 만드는 것까지 포함하고 있었다. 프랑스 정부는 그 주장의 '불온성'을 견디지 못하고 프로이센이 그랬던 것처럼 혹독하게 규제하기 시작했다. 졸지에 불순분자가 된 엥겔스와 마르크스는 벨기에에서 1848년 『공산당 선언Manifest der Kommunistischen Partei』을 발표했다.

지금까지의 모든 사회의 역사는 계급투쟁의 역사다. (…) 부르주아의 멸망과 무산계급의 승리는 필연이 될 것이다.

비참한 말년과 영원한 영향력

벨기에는 프로이센, 프랑스와 마찬가지로 왕조 국가였다. 마르크스 같은 혁명 사상가가 오랫동안 발 디딜 틈이 없었다. 결국 대륙보다는 다소 관대한 영국으로 망명할 수밖에 없었다. 그것도 무국적자 신세였다. 나라마다 민족주의가 기세등등한 시대에 국적 없는 사람이 먹고 사는 일은 쉽지 않았다. 영국에서 마르크스는 가난과 모욕, 사랑하는 자녀들의 죽음을 잇따라 겪어야 했다. 몇 푼 안 되는 신문 기사의 고료가 생존 수단이었다. 혁명 지식인은 말년까지 미국 《뉴욕 데일리 트리뷴New York Daily Tribune》의 유럽 객원 통신원으로 밥벌이를 감당했다.

어찌 보면 『공산당 선언』과 『자본론』은 시대를 멀리 앞서나갔기에 대중화가 힘들었던 저작일지도 모른다. 마르크스가 살았던 시대는 아직 자유주의와 공화주의도 제대로 정착되지 못했던 때였다. '사람 위에 사람 없다'는 개념조차 온전히 뿌리내리지 못했던 시절에 '가진 자 위주의 질서를 끝내자'고 했으니 반발은 불 보듯 뻔했다.

역설적으로 마르크스 본인도 유산계급 출신으로 성장한 지식인이었다. 하지만 그는 이론가로서 자신의 믿음을 끝까지 추구했고 그 체계를 정교하게 다듬으려고 평생 동안 애썼다. 그 결과 붙여진 명칭이 '과학적 사회주의자'였다. 이상적 사회주의와 대립되는 개념의 과학적 사회주의는 역사와 사회 속에서 자본주의를 과학적으로 인식할 때 사회주의 사회는 필연적으로 따라온다는 주장이었다. 마르크스는 박해받거나 생활고를 겪는 와중에도 끝까지 신념을 포기하지 않았다.

그 결과 많은 정신적 후계자들이 생겼다. 룩셈부르크Rosa Luxemburg, 리프크네히트Karl Liebknecht는 독일에서 사회주의 운동을 꽃피웠다. 이들이 이루려다 실패한 사회주의 공화국 건설의 꿈은 1905년과 1917년의 러시아혁명으로 이루어졌다.

물론 사회주의, 인민민주주의는 스탈린이라는 독재자를 만나 새로운 전체주의로 진화했다. 북한의 김일성은 민족주의와 사회주의를 결합한 주체사상이라는 특유의 유사종교를 만들었다. 그 외에도 사회주의가 전 세계에 미친 영향은 매우 지대하다. 저마다 어떤 신념 체계를 가졌느냐와 별개로, 믿음을 포기하지 않고 꾸준히 살아낸 이론가의 생애는 들여다볼 만하다. 큰 변화를 주도하려는 사람들이 얻을 수 있는 것도 많을 법하다.

미래를 염려하는 습관이 역사를 바꾼다,
베버

'잘사는 사람은 생각부터가 다르다.' 한때 유행하던 자기계발서의 한 구절 같다. 부자들의 성공 신화는 많은 부분을 개인의 천재적인 아이디어나 노력에 방점을 두지만, 많은 부의 축적 뒤에는 외부의 환경적 요인도 결코 빼놓을 수 없다. 오랫동안 갖고 있던 토지가 갑자기 개발된다거나, 예측하지 못했던 거액의 상속을 친족에게 받는 등 비합리적인 요인도 꽤 작용한다. 그리고 어쩌면 진짜 부자의 비결은 그들만의 비밀일지도 모른다.

사회학자 베버Max Weber는 '자본주의'와 '자본주의자'들의 성장 원인을 역사와 철학의 관점으로 분석한 사람이다. 그는 독일이 선진국 대열에 접어들던 무렵에 태어났고, 1차 대전에 패해 좌절하고 있을 때 세상을 떴다.

한때는 200개의 지역 국가로 나뉘었던 독일이 별안간 통일되고, 세계대전에 참여할 정도가 된 배경에는 바로 산업자본주의가 있었다. 산업자본주의란 산업자본이 국가의 사회 경제를 이끌어가는 주축이 되는 자본주의를 의미한다. 관료제도 중요한 역할을 했다. 국가는 이제 개인에 의해서가 아니라 시스템을 바탕으로 운영되었다. '도대체 자본주의자, 관료라는 사람들의 뇌 구조는 어떻게 생겨먹었을까?' 베버가 평생 답을 찾으려 했던 질문이었다.

미래에 대한 염려와 금욕이 자본주의를 이끈다

베버는 독일이 군사 강대국으로 발돋움하는 해인 1864년에 독일 북부를 지배하던 지역 국가 프로이센에서 태어났다. 같은 해에 프로이센은 덴마크와 싸워서 이겼고, 2년 뒤에는 제국 오스트리아와의 전쟁에서도 크게 승리했다. 1870년에 독일은 프랑스를 공격한 뒤 황제 나폴레옹 3세Napoléon III를 폐위시켰고, 알자스로렌 지방도 차지했다.

훗날 성인이 되어 대학에서 법과 경제를 연구하던 베버는 '독일이 다른 나라에 비해 빨리 성장할 수 있었던 비결은 무엇일까?'라는 질문을 품는다. 답은 바로 '자본주의'였다. 철저한 산업화와 효율성에 바탕을 둔 국가 경영이 독일을 유럽에서 가장 중요한 나라로 만든 것이다.

베버는 더 깊게 들어가서 독일 자본주의의 원동력을 살폈다. 그 근본 바탕에는 프로테스탄티즘Protestantism, 즉 '개신교 신앙'이 있었다. 18세기 초 프로이센의 프리드리히 대왕Friedrich II은 프랑스의 루이 14세로부터 박해받는 개신교 자본가들을 자국에 정착시켰다. 그들은 인간 운명이 예정되었다고 믿는 칼뱅Calvin파 신자들이었다. 삶의 방향과 구원 여부가 애초부터 신에 의해 정해져 있다면 왜 열심히 살고 돈을 버는가.

칼뱅파 신자들은 '내가 열심히 살고, 돈도 많이 벌었다면, 그만큼 구원에 가깝다는 표징일 것'이라는 추론에 기반해 성공에 목을 맸다. 또한 번 돈을 흥청망청 써도 죄악일 것이라는 믿음으로 철저히 저축했고, 이는 거대한 개신교 자본으로 성장했다.

베버는 금욕과 미래에 대한 염려를 바탕으로 만들어진 잉여 자본이 독일 전체로 퍼지고 국가를 성장시키는 과정을 포착했다. 프로이센이 수차례 외국과의 전쟁에서 승리하는 데에 큰 역할을 했던 철강왕 크루프Alfred Krupp와 티센August Thyssen 재벌가 모두 개신교 전통에 뿌리를 두고 있는 집안이었다. 시간이 흘러 1999년 두 회사는 티센크루프 그룹으로 합병된다.

베버의 논리는 매우 신선했다. 사회주의 사상을 이끌었던 마르크스는 계급에 의한 경제적 불평등이 인간의 모든 행동을 좌우한다고 주장했다. '하부 구조론Unterbau'이다. 이것은 매우 거시적이고 거친 설명 방식이었다. 하지만 베버는 정신 문화적 배경이 인간의 행동을 좌우하고, 부를 축적하고 국가를 살찌우는 데에 영향을 미친다고 주장했다. '상부 구조론Uberau'이다. 마르크스보다는 훨씬 유연하고 다양한 학문의 틀을 접목해 사회 현상을 설명할 수 있는 논리다.

베버의 주장은 금세 설득력을 얻으며 다양한 학자들에 의해 인용되었다.『프로테스탄트 윤리와 자본주의 정신The Protestant Ethic and the Spirit of Captalism』을 통해 베버는 경제사학자 고트하인W. Eberhard Gothein이『흑림 지대와 그 인접 지역의 경제사 Wirtschaftsgeschichte des Schwarzwalds und der angrenzenden Landschaften』에서 개신교 정신을 '자본주의 경제의 종묘장 Pflanzschule der Kapitalwirtschaft' 이라고 이야기한 것에 동의했다.

자본주의의 또 다른 받침대는 관료제

베버가 개신교 정신과 함께 자본주의의 또 다른 받침대로 포착한 대상이 '관료제'였다. 관료제는 각 지역마다 봉건적 신분 세습 특성이 남아 있던 유럽 사회에 아직 정착되지 않았던 시스템이기도 했다. 그나마 나폴레옹 집권 이후 생시르 사관학교, 국립 전문 대학원인 그랑제콜 등을 도입한 프랑스가 가장 최첨단의 관료제를 갖고 있었다.

독일은 나폴레옹 침공 이후 철저히 과거를 반성하고 새로운 국가 조직 구축을 위해 관료제를 정착시켰다. 특히 프로이센 정부는 여러 독일 지역 국가 정부 중에서 가장 효율적이고 업무 능력이 우수한 조직으로 소문나 있었다.

19세기 말에는 바이에른, 작센, 메클렌부르크 등 여러 지역 출신의 인재들이 프로이센의 재무성, 외무성 등에서 일하기 위해 몰려들었다. 관료제의 특징은 철저한 비인격화impersonalization다. 업무 담당자의 성향에 따라 일의 결과가 달라지지 않도록 사람이 아니라 조직과 일 중심의 업무 체계를 만드는 것이 관료제의 최종 목표다.

물론 오늘날 그토록 합리적이라는 미국 사회에서도 공공 영역의 철저한 비인격화는 어려운 일이다. 온갖 이해관계와 인연이 맞물려 로비가 들어오기 때문이다. 하지만 목표를 완전히 달성하지는 못하더라도 공무원이 사람이 아닌 일 자체와 조직에 충성하게끔 만든다는 방향 설정이 중요하다. 프로이센의 완성도 높은 공공 조직 운영은 '독일 병정'이라는 표현으로도 이어졌다. 칼같이 법을 지키는 공무원상이다.

관료제의 또 다른 특징은 확고한 전문화다. 철저한 분업 논리에 기반해 조직의 기능을 세분화하는 것이다. 전통 관료제하에서는 A라는 부서에 속해 있는 사람은 B 부서의 운영에 관여하지 않는다. 우리나라 군대에서도 소위 '타 중대, 타 대대, 타 부대 소속은 그가 장교가 아니면 아저씨에 불과하다'는 말이 있다.

쇠 우리에 갇힌 영혼 없는 관료

관료제와 개신교 정신에 입각한 자본주의는 독일이 19세기 말 선진국으로 도약하게 한 원동력이었다. 하지만 독일은 1918년 1차 대전에서 패했다. 무엇이 문제였을까.

외교와 정치는 전쟁과 가장 밀접한 영역이다. 전시에는 군대가 중요하지만, 싸움이 벌어지기 전까지는 외교관의 역할이 더욱 중요하다. 독일의 외교관들은 출신 성분이 비슷했다. 작위가 있는 집안 출신이고, 두 개 이상의 언어를 할 줄 아는 남성이면 외무성에서 일하기에 유리했다. 그들은 여러 나라의 문화에 대해서 밝았고, 현지의 상류층과 교제하는 데에는 큰 문제가 없었다.

하지만 러시아, 프랑스, 영국 등의 외교관들이 물밑에서 벌이는 교섭에는 몹시 무지했다. 독일의 정치인들은 1차 대전이 일어나기 직전까지 세르비아, 러시아 등 소수의 나라와만 싸움을 벌일 것이라고 착각했다. 독일이 파견한 대사들은 다른 나라 외교관보다 권위적이고, 경직되어 있고, 인생 경험의 다양성이 부족했다.

베버는 이런 종류의 사람들을 가리켜 '영혼 없는 전문가'라고 부르는 한편, 인류는 지구에서 마지막 석탄을 캘 때까지 '관료제라는 쇠 우리iron cage'에서 벗어날 수 없을 것이라고 한탄했다. 독일의 개신교 자본주의도 금욕과 미래지향적 태도라는 초심을 잃고 타락했다. 크루프는 전쟁 후 영국의 군수 회사들로부터 특허 사용에 따른 대가를 정산받아 큰돈을 벌었다. '나라는 망했는데 그 나라의 방위산업체는 어마어마한 부를 쌓았다'는 지적을 받았다.

영혼 없는 관료, 도덕적으로 타락한 자본주의를 교정하는 방법은 무엇일까. 말년의 베버가 관심을 둔 것은 정치였다. 이에 그는 바이마르공화국 헌법 초안에 참여하고, 독일 민주당 결성을 주도했다. 민주주의의 힘으로 기득권을 감시하려고 했던 것이다. 관료제와 자본주의가 19세기에 발달하게 된 근본적인 원인은 철저한 효율성과 긴장감 그리고 구성원들 간의 상호 견제 덕분이었다. 나눠 먹기식의 정치를 했던 봉건 세력과 대비되는 덕목이었다. 하지만 관료들과 자본주의를 주도한 시민계급도 오랫동안 영향력을 누리면서 결국 관성에 빠진 권력 집단이 되고 말았다.

우리 사회에서도 합리주의와 시스템을 주장하던 권력이 나른한 기득권층으로 변질되는 경우를 종종 볼 수 있다. 지역 공무원, 주민 자치 회장, 재개발 조합장 등은 정치인이나 국가 공무원에 비해 주어진 권력은 상대적으로 작지만 영향력은 큰 소권력들이다. 그들 중 몇몇은 초심을 잃어버리고 끊임없이 자리 보전을 추구하며 이권을 탐할 수 있다.

오늘을 즐기는 데에 바쁜 권력자들이 조직과 공동체를 더 큰 실패로 몰고 가는 것을 막으려면 적절한 수준의 감시, 분권화와

견제가 필요하다. 그래서 우리는 보다 능동적인 시민이 되어야
한다. 관료나 자본가와 같이 미래를 염려하며 발전을 추구했던
사람들에게 같은 논리로 쓴소리도 할 수 있어야 한다. 또 건강
한 수준의 합리적 의심도 제기할 수 있어야 한다. 이것이 불가
능한 사회라면 이미 희망이 사라진 곳이다.

독재자는 가짜 일로 망한다,
히틀러

인터넷에서 '사골국'처럼 우려지는 히틀러Adolf Hitler 관련 영상이 있다. 자막만 바꿔서 유머러스하게 패러디한 비디오가 정말 많은 콘텐츠다. 원래 소스는 2014년작 영화 〈몰락The Downfall〉에 등장하는 독일군 지휘부의 벙커 내부 회의 장면이다.

1944년까지 히틀러는 자신이 전쟁에서 승리하고 세계 정복을 이뤄낼 수 있을 것이라 믿었다. 하지만 그해 연말과 1945년 초에 접어들면서 자신이 철저히 착각하고 있음을 깨달았다. 부하들이 전쟁 상황을 거짓 보고하거나, 부정적인 소식을 은폐하는 방식으로 지도자를 속여왔기 때문이었다. 독재자는 베를린의 벙커에서 연합군에 버티는 동안 수도 없이 화를 냈지만, 상황은 점점 악화될 뿐이었다.

돌이켜보면 히틀러가 부하들에게 당한 사기는 스스로 자초한 일이었다. 그는 단 한 번도 내각회의를 소집하지 않은 독재자였다. 정치와 상관없는 행정 사안에 대해서는 철저히 무관심했다. 독일 국민들은 대중 강연회를 통해서, 방송을 통해서는 그들의 지도자를 접할 수 있었다. 하지만 나라를 위해 봉사하는 관료들과 지도자의 참모들은 전쟁, 정치 공작, 도시 건설 같은 주제를 제외하고는 좀처럼 히틀러를 만날 수 없었다.

나치 독일은 제1제국 신성로마제국, 제2제국 독일제국에 이어 자신들을 제3제국이라고 불렀다. '영도자Führer'는 일하는 지도자가 아니라 제3제국을 무대로 한 주연 같은 존재였다. 군부의 실력자들이 조연이라면, 제국 정부의 실무자는 이면에서 끝없이 움직이며 쇼를 만드는 연출부였다. 리더십, 통솔 같은 단어는 히틀러에게 어울리지 않았다. 연설과 선동만이 있었을 뿐이다.

예술가를 꿈꿨던 무능한 지도자, 히틀러

히틀러는 원래 오스트리아 출신 화가 지망생이었다. 실레, 코코슈카와 같은 인물들이 그와 비슷한 연배다. 하지만 히틀러는 좋은 재능을 타고나지 못했다. 두 번 연거푸 빈 국립 미술 아카

데미 시험에 낙방했다. 그 후 그는 노숙자 시설을 전전하다가 오스트리아 군 복무를 기피하고 독일로 건너왔으나 1차 대전이 발발하자 바이에른 군대에 입대한다.

이런 독재자의 초라한 시절 이야기를 읽는 사람들은, 그가 예술가로서의 경력을 추구하다 경험한 좌절이 얼마나 큰지 알게 된다. 독일 전체를 장악한 통치자가 되어서도 히틀러는 예술가적 몽상을 멈추지 않았다. 직접 창작하지는 않았지만, 자신의 상상력을 반영한 대규모 건물을 짓는 데에 집착했다. 그 이상을 실현해주는 건축가 슈페어Albert Speer는 순식간에 최측근이 되어 나치 독일의 군수장관이 되었다. 슈페어는 총통 관저, 베를린 올림픽 경기장, 나치 당원들의 공개 연설회를 위한 체펠린 필드 등을 설계했다.

히틀러는 자신이 돋보일 수 있는 대형 군중 집회에도 열을 올렸다. 열정적인 선동가로 정치에 데뷔했던 만큼, 강한 표정과 목소리로 어필할 수 있는 장소가 필요했다. 집회는 종교 행사와 같이 설계되어 영도자를 교주이자 스승으로 모시는 분위기를 연출했다. 그가 입장하고 군대를 사열할 적에는 바그너Wilhelm Richard Wagner의 오페라 음악을 틀었다.

참석자들은 자신들의 영도자가 마치 게르만 신화의 오딘Odin 신이나 지크프리트Siegfried와 같은 존재인 것처럼 착각에 빠졌다. 지금처럼 미디어가 발달하지 않았던 시기에 매스게임과도 같은 나치 연설회는 개개인이 황홀경에 젖게 하는 데에 충분했다. 선전장관이었던 괴벨스Joseph Goebbels가 연설회의 큰 틀을 설계하고 홍보했다.

이렇게 히틀러가 국가 경영의 본질과 거의 상관없는 문화적 이벤트에 골몰하는 동안, 나치 독일의 행정은 무능의 극치를 달리고 있었다. 대부분 정책은 큰 규모의 재정 투자를 바탕으로 실현되었다. 게다가 제3제국은 거의 10여 년간 유대인과 폴란드인, 집시를 탄압하는 데에 시간을 보냈다. 강제수용소를 만들어 2000만 명에 가까운 사람들을 죽였다. 인종주의는 히틀러와 그 추종자들이 국내 정치의 근거를 만들기 위해 채택한 정책이었으나, 국가의 성장이나 진보와는 전혀 관련이 없었다.

대부분의 국가는 전쟁 때가 되면 출신을 가리지 않고 인력을 핵심 자원으로 확보하려고 애쓴다. 하지만 같은 기간 나치 독일은 수천만의 인구를 배제하고 죽이는 데에 열을 올렸다. 이 과정을 지켜보고 허가했던 히틀러는 국가의 지도자라고는 보기 힘든 망상가였다.

부하들의 반목과 가짜 일

조직을 떠받치는 측근들은 어땠을까. 히틀러는 자신의 부하들이 서로 경쟁하고 반목하는 분위기를 내심 즐겼다. 그러다 도를 넘거나 쓸모없어지면 제거하면 그만이었다. 나치가 권력을 장악하기 위해 계속해서 무장 혁명을 해야 한다고 주장했던 룀Ernst Julius Röhm은 또 다른 독재자의 부하인 힘러Heinrich Himmler에 의해 숙청되었다. 원래 협력 관계였던 그들은 통제하기 쉬운 친위대를 원했던 히틀러의 요구에 따라 정치적으로 갈라졌고 나중에는 숙적이 되었다.

『나의 투쟁Mein Kampf』 초안 작가였던 헤스Rudolf Hess는 나치 독일의 부수상까지 역임했으나 히틀러의 별장인 베르크호프라는 산중 주택을 짓는 과정에서 실무자 보어만Martin Ludwig Bormann에게 주도권을 빼앗겼다. 보어만은 영도자의 흉중을 꿰뚫는 능력과 음흉한 권력의 기술을 함께 갖고 있었다. 그는 나치 독일의 마지막 날까지 '실세' 노릇을 했다.

2인자였던 괴링Hermann Wilhelm Göring, 괴벨스, 힘러 등도 서로 반목과 연합, 중상모략과 거래를 밥 먹듯 했다. 그들은 국가의 성장보다 히틀러의 총애를 얻어 다음 정권의 수장을 차지하는 데에 더 많은 관심을 가졌다. 괴링은 자신의 이름을 딴 국가 공업사를 만들어 우방과 적국 사이를 오가며 양다리 비즈니스를 했다. 힘러는 나치 안에서 주도권을 쥐려고 애쓰면서도 네덜란드, 노르웨이 등을 통해 서방과 내통할 생각도 하고 있었다.

히틀러는 자신의 부하들이 상당히 속물임을 알고 있었음에도 별다른 신경을 쓰지 않았다. 경쟁에서 이긴 자의 주장을 정책으로 채택해주면 된다는 식의 안일한 대처 방식으로 일관했다. 부하들 역시도 정말로 국가 운영에 절실한 정보를 보고하기보다는, 독재자에게 점수를 딸 수 있는 소재를 개발하는 데에 급급했다. 이른바 '가짜 일 fake work'이 넘쳐나고 있었다.

이렇게 체제 내부가 썩어가는 동안 독일은 외국과의 군사 작전에서 연이어 실패했고, 무리해서는 안 되는 국면에서 전선을 넓히는 식의 오류를 계속 범했다. 나치는 조직적 무능 속에서 철저히 쇠퇴하고 있었다.

힘에 도취된 자에게 '쓴소리'는 들리지 않는다

히틀러에게 계속해서 쓴소리를 했던 사람은 차례차례 제거되거나 반란 혐의로 숙청되었다. '사막의 여우'로 불렸던 로멜 Erwin Rommel은 총통의 경호대장 출신으로 아프리카 군단을 이끈 맹장이었다. 로멜은 과도하게 전선을 넓히는 영도자의 전술에 반대하고 해안 방어선 구축을 통해 연합군을 전략적으로 막아야 한다고 주장했다. 또 전선이 심각해지는 경우에는 독일이 과감하게 연합군과 강화를 맺는 것도 고려해야 한다는 입장이었다. 하지만 세계 지배 욕망에 도취되어버린 히틀러는 로멜의 의견에 전혀 귀 기울이지 않고 그대로 싸움을 밀고 나갔다.

1944년 독재자를 제거하기 위한 음모자 명단에 로멜의 이름이 올랐다. 귀족 출신의 장교들과 함께 정권 정복을 꾀한 정황이었다. 히틀러는 가장 우수하고 강직한 자신의 부하에게 소명을 허락하지 않고 자살을 강요했다. 그러나 1년 뒤에는 그 역시도 비참한 방식으로 세상을 마감해야 했다.

우리는 히틀러 같은 유형의 독재자를 일상생활에서도 만날 수 있다. 독재자의 뇌는 이미 권력에 중독되어 올바른 방향을 판별하지 못한다. 제대로 된 일을 시키기보다는 자신의 영향력을 펼치기 위해 부하나 동료를 이용하는 데에만 주안점이 맞춰져 있다. 독재자형 인물들은 가끔 정신 상태가 걱정스러울 정도로 자아도취적인 발언도 서슴지 않는다.

"나는 어지간한 사람을 굴복시킬 정도의 힘은 갖고 있어." "너는 내가 하는 말을 들으면 무조건 성공할 수 있어." "걔가 대단하다고 생각하지? 하지만 나한테는 별것 아냐." 이런 발화를 서슴지 않는 사람들은 자신이 정말 무엇을 할 수 있고, 없는지 분별하지 않기 때문에 곧잘 위험한 시도를 많이 한다. '디테일'은 아랫사람이나 다루는 것이라고 취급하기 때문에 중시하지 않는다.

그러다가 남과 자신이 동시에 망하는 선택을 한다. 권력에만 집착하면서 가짜 일을 반복해왔기 때문이다. 우리 주변에 그런 사람이 있는지 깊게 들여다봐야 한다. 가급적이면 그와는 함께 일을 도모하지 말아야 한다. 함께한다고 해도 당신이 그를 위해 가짜 일을 해줄 수 있는 입장이 아니라면, 어지간해서는 그 관계가 오래가지 못할 것이다.

4부

어떻게
남의 마음을
얻을 것인가

적도 내 편으로 만드는
관계의 기술

정치

Niccoló Machiavelli

賈誼

孔子

Otto von Bismarck

Emmanuel Macron

Tony Blair

Politics

여우와 같이 생각하라,
마키아벨리

엘리트들 중에는 의외로 의사결정이 무르고 우유부단한 사람들이 많다. 서로 복잡 다양한 네트워크로 연결되어 있기에 인간관계에 신경을 쓰느라 해야 할 말을 제대로 못하고, 당당하게 자신의 소신을 펼치지도 못하는 것이다. 엘리트의 이중성을 가장 잘 드러내는 사례가 정치인들이다. 그들은 '낮에는 여야로 나뉘어 싸우지만, 밤에는 한자리에서 술잔을 기울인다'고 비판받는다.

또 엘리트들 대부분은 몹시 관성적이다. 틀을 깨는 일을 잘하지 못한다. 자신과 주변 사람들이 습관처럼 반복하는 결정을 내리고 거기에 안주한다. 그들은 자신이 정말로 지혜로운 판단을 내렸는지 여부보다 자신의 선택에 대한 주변의 평가에 대해 더 많은 관심을 갖는다.

　그런데 기성 엘리트들의 기반이 무너지고 새로운 경쟁자들이 등장하는 시기가 오면, 기존의 관계와 상식은 자산이 아니라 덫이 된다. 신출귀몰하는 강자들이 나타나 눈 깜짝할 사이에 세상을 뒤흔드는 난세에는 여우와 같은 생각과 사자와 같은 대담함이 필요하기도 하다. 우물쭈물하면 바보되기 십상이다.

현실주의의 대가이자 위험한 현자

　마키아벨리Niccoló Machiavelli는 정치 엘리트들의 상식과 틀이 산산조각 나는 '결정적인 순간들'과 그때의 대처법에 대해 조언한 사상가다. 그가 살았던 르네상스 후기의 이탈리아 피렌체는 유럽의 여러 강대국에 위협받는 도시국가였다. 또 내부 정치도 어려워져 있어 명문 메디치Medici가가 쫓겨나고 과도기 형태의 민주공화국이 들어서 있었다.

　마키에벨리는 소데리니Pier Soderini라는 공화국 지도자의 비서관으로 근무했다. 소데리니에게 요구되는 것은 지난날 피렌체의 지도자들보다 훨씬 명쾌하고 카리스마 있는 선택이었다. 하지만 그는 모두에게 '좋은 사람'으로 기억되기만을 원했다. 결국 피렌체의 민주공화정은 1512년 스페인군이 무력을 앞세워

메디치 가문을 다시 복권시키면서 좌절되었다. 이때 마키아벨리는 매우 큰 교훈을 얻었다. '권력은 윤리와 별개로 작동할 수 있다'는 것, '정치에서는 상식과 합리가 철저히 무시될 수 있다'는 것을 알게 된 것이다.

약육강식의 시대에 살아남으려면 강자의 사고법과 언어를 학습해야 한다는 것이 마키아벨리의 생각이었다. 그들은 적과 친구를 상대하는 법에서 매우 능숙하다. 힘이 되었든 기만이 되었든 수단과 방법을 가리지 않고 지배하려는 강한 의지도 갖고 있다. 옛 질서를 새롭게 해 권력을 강화하는 데에도 타고난 사람들이다. 강자들은 가혹함과 인자함을 번갈아 사용해가며 주변인들과 적들이 그의 마음을 쉽게 알아보지 못하게 하는 재주도 갖고 있다.

문제는 그것을 체득해야 하는 사람들의 태도다. 대부분은 자기보다 잘나거나 강한 사람이 운이 좋아 그 자리에 올랐다고 여긴다. 어차피 세상은 불공평하다는 운명론적 시각이 전향적인 행동을 방해하기도 한다.

옛 기득권층들도 문제다. 그들은 덕망과 관용으로 포장한 이미지를 버리기 어려워한다. 깡패가 칼을 들고 위협해도 처신을 지켜야 하기 때문에 몽둥이를 드는 척까지만 해야 한다는 투다. 그러다 진짜로 흉기에 찔리면 세상의 도(道)가 땅에 떨어졌다고 한탄한다. 마키아벨리의 시대에는 프랑스와 맞서 싸웠던 도시국가인 제노바나 로마 교황령이 그랬다.

비정한 정치판에서는 패자가 떠드는 도덕 따위 설 자리가 없다. 강자가 자신의 행동을 정당화할 때만 도덕은 힘 있는 기준이 된다. 이 원리를 가장 잘 실천한 인물이 보르자Cesare Borgia라는 장군이었다. 보르자는 교황 알렉산데르 6세Alexander VI의 아들로 태어나 바티칸을 지키는 군대를 조직화해 이탈리아 평정에 나선 사람이었다.

보르자는 세력을 키우기 위해 낮은 지위에 있는 사람에게도 경의를 표하는가 하면, 옛 도시국가의 주인들을 모략으로 죽게 만들거나 암살하는 것을 거리끼지 않았다. 민중에게 피해를 주는 것만 아니라면, 어떤 침략이나 공격도 정당화할 수 있다는 대담한 태도도 갖고 있었다.

마키아벨리는 이 자신만만하고 선악을 뛰어넘은 인물이 모든 리더의 표본이 되어야 한다고 보았다. 적어도 보르자는 권력을 추구하는 과정에서 가식을 부리거나 거짓된 인상을 자아내지 않았기 때문에, 다른 우유부단한 군주들보다는 훨씬 덜 유해한 존재로 취급되었다. 정치는 그렇게 하는 것이었다. '여우의 간교함과 사자의 심장을 갖추고서' 말이다.

베버는 '정치인은 악마적인 힘과 손잡는 사람'이라고 했다. 그렇다고 정치인이나 리더 본인이 악마가 되어서는 곤란하다. 마키아벨리도 남의 허점을 노리고 심리를 조종하는 기술만 가르치지 않았다. 운명을 슬기롭고 능동적으로 개척하기 위한 방향에 대해서도 깊게 고민했다. 대표적인 사례가 '역량virtue', 라틴어로 '비르투virtu'를 강조한 것이다. 운명으로부터 짓눌리거나 휘둘리지 않고 자기 힘으로 맞서나가려는 의지, 행위를 뜻한다.

르네상스 시대의 세습 군주와 같은 사람들은 대체로 타인의 삶을 들여다보고 헤아리는 데에 몹시 미숙했다. 태어나면서부터 좋은 환경을 안고 살아왔기에 남의 불행에 공감할 계기가 별로 없었다. 그들이 무심코 던진 말, 습관처럼 저질렀던 행동이 누군가의 원망이 되고, 한 국가를 전복시키는 동력으로 작용한 경우도 많았다. 그런 일이 일어나지 않으려면 귀족 또는 왕족의 계급으로 태어난 사람들도 두고두고 참고할 만한 교훈 내지는 반면교사가 풍성해야 했다.

교활한 감각을 강조하다

마키아벨리는 비르투 이론과 사례 분석을 통해 당대의 정치 리더들을 격려하면서도 유익한 경고 사인을 보내고 싶어 했다. 가령 밀라노의 용병대장이었던 프란체스코 1세 스포르차Francesco I Sforza는 매우 훌륭한 비르투의 소유자로 손꼽혔다. 그는 세습 귀족으로서의 정통성이나 고급스런 품행을 물려받은 인물이었다. 그뿐만 아니라 전투 상황에서의 대처 기술, 정면 승부 능력, 부하에게 너그러움을 베풀고 행동을 이끌어내는 힘 등도 매우 탁월했다. 주어진 운명과 환경을 자기 실력으로 바꾸는 면모는 좋은 교과서라 할 만했다.

반면 피렌체의 종교 지도자였던 사보나롤라Girolamo Savonarola는 매우 박한 비르투를 가진 사람이었다. 도덕적 타락과 죽음을 두려워하던 피렌체 시민들의 공허함을 노려 선동가적 에너지로 집권한 인물이었다. 하지만 사보나롤라의 통치는 매우 강압적이었고 인간의 본능을 부인하는 어리석음까지 지니고 있었다. 시민들은 집에서 가장 귀중한 것들은 다 갖고 나와서 불태우게끔 요구받았다. 폭압 통치는 원망과 분노로 이어졌고 사보나롤라 본인도 종교재판으로 삶을 마무리했다. 혁명을 일으켜 놓고 자신도 혁명을 당한 로베스피에르를 떠올리게 한다.

비르투는 우리 식으로 재해석하면 '능력'과 '덕'이 합쳐진 개념으로 볼 수 있다. 여우와 같은 처세를 하면서 얄밉다는 평가를 받지 않으려면 적절한 덕성과 관용을 더해야 한다. 인생은 약게만 살아지지 않는다. 어떤 부분에서는 손해를 보고, 어떤 부분에서는 남과 과감하게 빵 한 덩이를 나눌 줄 알아야 더 오래 살아남을 수 있다.

마키아벨리가 주문한 '교활한 감각'은 간사한 사람이라는 평가를 들으며 박덕하게 살라는 의미가 아니다. 사상가는 『군주론Il Principe』이 아닌 『로마사 논고Discorsi Sopra la Prima Deca di Tito Livio』

에서는 남을 위해 희생하고 헌신하는 로마공화정의 봉사자들을 예찬하기도 했다. 여우 같은 판단력은 경쟁 사회에서 매우 절실하다. 하지만 적절히 따뜻한 가슴과 인간적인 품행이 결합될 때에만 개인의 경쟁력으로 환원될 수 있다. 앞으로 힘 있는 자, 그리고 힘을 얻으려는 자들이 마키아벨리를 제대로 읽기를 빈다.

과도한 법과 원칙은 조직을 분열시킨다,
가의

아랫사람의 모든 행동을 수치화해서 평가하는 상사가 있다고
치자. 그는 공명정대한 리더로 존경받을까, 아니면 각박한 부서
장으로 인식될까. 처음에는 잘한 일에 상을 주고, 잘못한 일에
벌을 주는 방식을 칭찬하는 사람들이 꽤 있을지도 모른다.

하지만 시간이 거듭될수록 법과 원칙에도 틈새가 생겨서 거
짓된 성과를 고하는 사람들이 나온다. 윗사람의 눈에만 들면 되
기 때문이다. 자연스럽게 원망하는 자들도 생긴다. 공정함을 외
치지만 실제로는 편향된 원칙, 지나치게 가혹한 처벌에 분노를
터뜨리는 것이다.

중국을 통일한 진秦나라가 멸망하고 한나라가 들어서면서도

지식인들과 정치인들 사이에 비슷한 어젠다agenda가 제기됐다. 진시황秦始皇의 혹독한 정치를 극복해야 했기 때문이다. 총신이었던 조고趙高는 왕족 자제들의 사소한 실수도 트집을 잡아 사형에 처하고는 했다.

민중은 걸핏하면 희생양을 만드는 정부에 몸서리를 쳤다. 간신들은 교묘한 법체계를 이용해 정적을 제거했고, 민중이 피해자가 되어도 눈 하나 꿈쩍하지 않았다. 이런 진나라가 무너진 후 중원을 통일한 한나라가 피폐한 민심을 수습하기 위해서는 새로운 방식의 통치가 필요했다.

법으로 성공해서 법으로 망한 진나라

한나라 초기 명철한 군주로 손꼽히던 문제文帝 시절에 가의賈誼라는 역사이론가가 있었다. 그는 문장과 고전에 대한 독해로 일찍이 이름이 알려져서, 스물두 살에 최연소로 박사博士라는 관직을 거머쥐었다. 오늘날 대학원을 졸업하면 주는 박사 학위의 어원이기도 하다. 사마천도 '가의야말로 희대의 천재'라고 칭찬하며 『사기』에 그의 문장 상당수를 인용했다. 지금도 중국인들 사이에서는 일찍 성공한 수재의 시초를 가의라고 이야기하기도 한다.

당시 지식인들 사이에서는 『과진론過秦論』이라는 문헌이 널리 읽혔다. 강한 제국이었던 진나라가 어떻게 성공하고 망했는가에 대한 담론이었다. 원래 중국은 여러 갈래로 분열되어 있었고, 각 지역 국가의 독립성도 강했다. 동네마다 쓰는 언어와 화폐도 각각 달랐다. 이런 상황을 무력으로 정리한 진나라의 성공과 실패는 매우 중요한 정책적 검토 대상이었다.

가의는 진나라의 성장 비결이 법령과 질서라고 봤다. 효공孝公이라는 뛰어난 군주는 상앙商鞅이라는 원칙주의자를 기용해 제도를 바로잡았다. 상앙이 백성들에게 믿음을 주었던 일화는 지금까지도 널리 알려져 있다. 그는 남쪽 문에 세워 둔 나무를 북쪽 문으로 옮기면 금 50돈을 주겠다고 약속했고, 실제로 지켰다. '이목지신移木之信'의 고사다.

반면 법 위반에 따른 처벌도 확실했다. 군주의 친형까지도 불법의 대가로 코를 잘려야 했다. 이렇게 확실한 상벌 체계는 진나라 정치의 효율성과 신속함으로 이어졌다. 그 덕분에 온갖 골육상쟁骨肉相爭과 갈등으로 얼룩졌던 다른 나라들보다 정치적으로 빨리 안정화되었고 강한 군대 또한 가질 수 있었다. 이런 강한 원칙과 신념 덕분에 진나라는 천하를 통일했다. 상앙의 명언은 여기에 적용된다. 『사기』 68권 「상군열전商君列傳」의 한 구절이다.

의심하면서 행하면 이름을 세울 수 없고, 의심하면서 일하면 성공할 수 없다.

하지만 천하를 거머쥘 때와 그것을 지킬 때의 방식은 달라야 했다. 가의는 진시황이 전국을 통일한 후 탐욕스러운 마음을 품게 되었다고 지적했다. 법으로 만든 거대한 제국의 성과를 자기 혼자만의 위업으로 착각하게 된 것이다. 온 중국이 모범 국가로 섬기던 주나라까지 진나라가 집어삼켰으니, 군주가 오만해지는 것도 당연했다.

진시황은 무력으로 나라들을 합병한 이후 그 백성과 지식인들의 마음을 어루만지고 위로하는 데에 큰 관심이 없었다. 그 이전과 똑같이 혹독한 법을 적용하고, 강한 원칙으로 단속하기만 했다. 법을 신봉하는 법가 이외의 경전은 모두 불태우고 지식인들을 땅에 산 채로 묻어버리기도 했다. 혹독한 원칙은 교만한 리더십과 만나 변태적인 제도가 되었다.

진시황의 아들인 호해胡亥가 즉위했을 때 반전의 기회가 있었다. 갓 취임한 리더는 이전의 정치를 반성하며 약간의 선심으로도 민중의 큰 지지를 얻을 수 있는 법이다. 그렇게 되면 폭군의 아들이라 할지라도 성군으로 재평가되는 기회를 낚아챌 수도 있다.

하지만 호해는 그렇게 하지 않았다. 평범한 조직 리더만큼의 능력과 아량도 갖추지 못한 채 아버지 시절 득세하던 환관 조고를 재상으로 쓰며 폭정을 계속했다. 그는 임금이 말을 사슴이라고 착각하게 할 정도로 무서운 신하였다. 법을 잘게 쪼개고 각박하게 적용해 반대파 대부분을 위기에 빠트려 죽였다. 진시황이 추진하던 아방궁을 짓고 민중에게 과한 세금을 물리기도 했다. 그 결과 전국에서 민중 반란이 일어나고, 망한 나라들의 후예들이 새로운 정부를 세워 항거하기 시작했다. 진나라는 과도한 법질서로 흥하고 또 망했다.

법과 원칙은 과거를 다루지만, 사리는 미래를 다룬다

『한서』48권「가의전賈誼傳」에는 가의가 자신이 모시던 황제인 한나라 문제에게 전한 말이 실려 있다.

사리는 일이 벌어지기 전에 미리 금하는 것이고, 법은 이미 그렇게 벌어진 뒤에 처벌하는 것입니다.[5]

그래서 법의 쓰임새를 가늠하는 것은 쉽지만 사리의 쓰임새를 판단하기란 어려운 일이다. 또 법은 사회적으로 합의된 폭력이라는 속성도 지니고 있다. 물처럼 흐르며 공의와 질서가 적용되는 공간을 만드는 것이 법이지만, 원망과 분노를 자아내게 하는 것 또한 법이다.

한국 현대사에도 그런 사람들이 있었다. 법의 규정을 잘게 썰고 각박하게 적용해 원래는 죄가 없던 사람을 위험에 빠트리는 '법쟁이'들 말이다. 그들은 끊임없이 누군가가 과거에 저지른

일을 되돌아보려고 하고, 사소한 잘못이라도 들춰내어 재단할 거리가 생기면 가혹할 만큼 공격했다. 이런 일들이 앞으로 또 반복되지 않을지 예의주시할 일이다.

과도한 원칙이나 규정보다는 지나간 일들을 돌아보고 교훈 삼는 사리가 더욱 합리적일 때가 많다. 가의는 사리의 속성을 이렇게 말한다.

사리는 싹트기 전에 악을 잘라내고, 악이 조금 있더라도 형세가 미약한 상태에서 사람을 교화시키는 일을 귀하게 여기는 것입니다.[6]

다소 비민주적인 표현이지만 이렇게도 표현한다.

(사리는) 백성이 스스로 깨닫지 못하더라도 날마다 선해지고, 죄를 멀리하도록 합니다.[7]

가의의 이론에 따르면 나라와 조직은 그릇과 같다. 그릇은 좋은 곳에 두면 훌륭한 역할을 하지만, 망하는 곳에 두면 화근이 된다. 덕과 사리를 조직 운영의 핵심 가치로 두게 되면 당장의 힘과 효율성뿐만 아니라 잠재성까지도 키울 수 있다는 것이 가의의 주장이다. 먼 훗날의 사람들도 그 리더를 기리고 본받으려 할 수 있기 때문이다.

요순堯舜과 같은 성군들이 수백 년에 걸쳐 나라를 유지한 것
도 같은 이유다. 독재자들의 정치가 처음에는 대중적 인기를 끌
다가도, 나중에는 사람들의 외면을 받는 것도 같은 맥락이다.
히틀러가 대표적인 사례. 가의는 문제의 자문관이자 저술가
로 거침없는 견해를 발표하다가 정치적 모함에 휘말려 지방 제
후의 스승 역할로 밀려났다. 아마도 젊은 나이에 조직 운영의
원리와 전략에 통달하다는 사실 때문에 많은 이들의 견제를 받
았을 것이다. 가의는 예수와 똑같은 서른세 살의 나이에 안타깝
게 세상을 떴다.

원칙의 뒤편을 경계하라

우리 사회에는 유독 법조인 출신 오피니언 리더가 많다. 시험
으로 공정하게 얻은 자격을 바탕으로 젊은 나이에 관직을 갖거
나 진입장벽이 높은 기업에서 성공할 수 있는 몇 안 되는 경로
이기 때문일 것이다. 또 그렇게 꽃길을 밟은 사람들이 하는 말
과 글을 유독 설득력 있고 값있게 받아들이는 사회 풍토를 무시
하기도 힘들다.

그런데 이들이 각계에 개입하면서 얼마나 공동체를 성숙시
켰는지에 대해서는 조금 비판적인 평가가 필요할 듯하다. 과도
한 법 만능주의로 각박하게 규정을 적용하며 남을 못살게 군 것

은 아닌지, 궤변에 가까운 문자주의^{文字主義}로 힘 있는 사람을 대변하기만 한 것은 아닌지 말이다.

규정 전문가들은 합법에 밝은 만큼 편법에 대해서도 밝다. 원칙을 강조하는 만큼 뒤에서 부리는 농간이나 변칙도 많다. 나치 독일의 부역자들과 한나라 무제 시대의 형리^{刑吏}들이 대표적인 사례다. 가의는 그런 사람이 상층부를 차지한 조직은 언제든지 붕괴하고 분열한다고 경고했다. 이제부터라도 법과 사리를 균형감 있게 운용하는 리더들이 우리 사회에 더 많아졌으면 한다.

사람을 알려면 말하는 방식을 보라,
공자

말 잘하는 사람은 이 세상에 정말 많다. 사람들은 그중 옳은 말을 바른대로 하는 사람과 해학과 위트를 섞어 말하는 사람을 흥미로워한다. 전자는 비교적 정치권에서 자주 볼 수 있다. 하지만 후자의 덕목은 아직 우리 사회의 지식인들에게서는 찾아보기 어렵다.

여기에 한 가지 유형을 덧붙이자면 말은 화려하나 자신이 책임질 일은 절대 벌이지 않는 사람이 있겠다. 그런 사람들을 가리켜서 교언영색^{巧言令色}이라는 표현을 쓴다. 그때그때 상대방의 기분을 좋게 해주면서 정작 행동으로는 뒷받침하지 않는 뺀질이들이다.

절제된 언행과 진실된 행동

공자孔子는 교언영색의 모습을 보이는 사람들을 가장 미워했다. 겉으로는 도덕군자인 척 말하면서도 사실은 이익을 챙기는 이들을 가리켜 향원鄕愿이라고 불렀다. 공자가 노魯나라에서 현재 법무장관에 해당하는 대사구大司寇을 지낼 무렵, 소정묘少正卯라는 사람을 처형한 일이 있었다. 법적 죄목은 드러나지 않는다.

하지만 사형 언도의 배경에는 '그의 말이 얼핏 보면 화려하게 보이나 실상은 허위로 가득 찼기 때문'이라는 토가 달렸다. 가식적인 말은 훗날 목숨을 좌우할 만큼의 파장을 몰고 올 수도 있다.

공자가 가장 좋아하는 유형은 '직直한' 사람이다. 남에게 솔직하고, 또 유능하고, 자신에게도 거짓되지 않는 인간형이다. 요즘 식으로 이야기하면 '반듯하고, 번듯한' 사람이다. 여기에 바를 정正 자까지 붙여 정직하다고도 말한다.

직의 정의에는 허위를 유포하지 않기, 숨기지 않기 등 다양한 가치가 배어 있을 수 있겠지만 가장 핵심적인 것은 내용이 있으면서도 절제된 언행이다. 똑바른 말을 기분 나쁘지 않게 해야 한다. 어딘가 틀린 구석은 없는데 거슬리게끔 말을 하는 사람들은 공자가 내는 스크린 테스트를 통과하지 못하는 사람들이다.

용어의 정의나 개념도 정확해야 한다. 엄연히 피해자인데도 정치적 이해관계에 따라 '피해 호소인' 또는 '피해 호소 여성' 등으로 단어의 맥락을 편취하는 것도 거짓된 언어 사용법이다. 『논어論語』13편 「자로子路」3장에는 공자와 자로가 나눈 대화가 실려 있다.

> 자로가 물었다.
> "위衛나라 군주가 선생님을 기다려 나랏일을 부탁하면, 무엇부터 하시겠습니까?"
> 선생은 이렇게 답했다.
> "반드시 이름부터 바로 세워야지."[8]

공자가 살았던 춘추시대에는 도리가 땅에 떨어지고, 정치적으로도 불안정한 나라가 많았다. 위나라는 왕실이 소위 콩가루 집안 상태였다. 아버지 장공莊公은 세자 시절 군주 계승권을 잃고 타국을 떠돌고, 운 좋게 권좌를 물려받은 출공出公은 부친의 복귀를 원하지 않고 있었다. 제대로 된 정부 운영이 이루어지기 쉽지 않은 환경이었다.

그런 어지러운 국가를 제대로 운영하려면 거창한 구조 개혁이 아니라 말부터 먼저 바로 세워야 한다는 것이 공자의 생각이었다. 그러다 보면 자연히 리더의 생각도 바뀌고, 인간적으로나 정치적으로나 옳은 선택을 할 수 있을 것이라는 바람을 담았던 듯하다.

좋은 말하기를 배워야 한다

그러면 제대로 된 말하기, 좋은 말하기는 타고나는 것일까. 아니면 학습을 통해 바뀌어가는 것일까. 『논어』에는 바른말과 행동의 덕목을 언급할 때마다 '예禮'와 '악樂'이라는 개념이 등장한다. 너무 태평한 소리처럼 들릴지 모르겠지만 당시에는 예악이 국정 운영의 원리이자 처세 방식이었다.

후대 한나라 철학자들은 '예는 이치理'라고 이야기했고, 공자가 직접 저술에 개입한 『예기禮記』는 '예란 일을 다스리는 것治事'이라고 강조했다. 악은 예에 따라 인간이 행동하고 감정을 정돈할 수 있도록 정교하게 빚어낸 예술 언어다. 옛사람들은 제사를 지내거나 손님을 모시고 잔치할 때, 그리고 평소에도 어떤 정서가 솟구칠 때 음악을 연주하고 또 들었다. 악조차도 마음 다스리는 방법과 연관되어 있었던 것이다. 또 사회적 통합과 감성적 연대를 추구하는 악을 통해 함께 소통하는 재미도 느꼈을 법하다.

일본의 논어 주석가 오규 소라이荻生徂徠는 '예란 선왕先王의 도道'라고 이야기했다. 오랫동안 인류가 전수하고 공통의 합의를 거쳐 납득한 행동 양식의 데이터베이스인 것이다. 또 공자는 '예를 모르면 비명횡사한다'고도 했다. 따라서 말하기 또한 배워야 한다. 옛사람들이 남긴 글을 통해서, 어른의 잔소리를 통해서, 말을 좋게 잘하는 친구의 사례를 통해서 끊임없이 학습해

야 한다.『논어』17편「양화陽貨」9장에 실린 공자의 지적을 음미
해볼 필요가 있다.

시는 사람으로 하여금 뜻을 흥하게 하고, 제대로 볼 수 있게
해주고, 제대로 무리를 짓게 하고, (잘못된 것을) 제대로 원망
할 수 있게 하며, 가까이는 부모를, 멀리는 임금을 섬기는 데에
도 도움이 된다.

훌륭한 말과 물음

훌륭한 말은 좋은 질문과도 연결된다. 공자는 자신이 제사 전
문가였음에도 불구하고 옛 군주들의 사당에 가서 제례祭禮에 참
석할 때 항상 물어보았다고 한다. 꼭 무지해서 묻는 것이 아니
다. 상대방의 생각을 제대로 파악하고, 그와 함께 합의를 얻어
가는 절차인 것이다. 또 나도 틀릴 수 있다는 것을 인정하고 끊
임없이 예의 원칙에 복종시키는 행위가 '매사에 물음'이다.
그러나 우리 사회의 지식인들은 질문에 인색하다. 누군가에
게 물어보는 그 순간부터 자신의 지적 열위를 인정해야 하는 것
으로 여긴다. 그리고 상대방으로부터 물음을 당할 때는 그가 어
떻게 내 주장에 동의하게 만들지 염려한다. 이런 꼰대스러움을
공자는 정말 오만하다고 보지 않았을까.

인간은 변하고 나아지려는 노력을 통해 기회를 얻는 존재다. 훌륭한 말과 물음은 자기 혁신을 위한 가장 본질적이면서도 강력한 수단이다. 정치권에는 정작 문제는 다른 당에 있는데도 막말로 더 큰 비난을 받는 정당이 존재한다. 시간과 장소에 맞는 말과 물음을 평소 고민해보지 않았기 때문에 생기는 일이다.

좋은 일이든 나쁜 일이든 가리지 않고 어떻게든 주목을 받고자 하는 얄팍한 생각이 화근이다. 말을 통해 자기 자신과 주변을 부숴버리는 것이다. 그런 파괴왕이 인근에 있다면 과감하게 쳐내는 것도 삶의 기술이다.

이처럼 공자는 좋은 말과 행동에 겸손함까지 갖추었지만 정치적으로 성공하지는 못했다. 노나라에서 맡았던 대사구 이후로 여러 나라에서 공식 직함을 얻지 못했다. 제후들은 그에게 장관급의 자리를 주기에는 미안했고, 재상급의 자리를 제공하기에는 부담스러웠던 모양이다.

하지만 제자들에 따르면 공자는 '잘 안 될 줄 알면서도 그 일을 하는 사람'이었다. 당장은 아니어도 좋은 말과 예의 가치가 언젠가 사회를 바꿀 것이라고 믿었다. 수백 년이 지나 한나라 때에 와서 공자의 가르침은 체제 이념이 된다. 그 덕분에 지금 우리도 공자의 말을 음미하며 살고 있다.

중재자보다 정직한 이웃이 되라, 비스마르크

위대한 정치인이나 지도자에게도 치명적인 결점이 존재한다. 독일을 강대국으로 만들었다고 알려져 있는 비스마르크Otto Eduard Leopold von Bismarck는 외교를 통해 자신의 조국을 유럽에서 가장 중요한 나라로 올려놓았다. 그는 이탈리아와 오스트리아, 러시아 사이에서 독일이 전략적 중재자 역할을 할 수 있다고 믿었다. 하지만 현실은 녹록치 않았다. 19세기 중후반 유럽 국가들은 독일이 언제든지 자국을 배신하거나 속이고 패권을 추구할 것이라고 여겼다. 말이 좋아 중재와 조정이지 '브로커' 취급을 받았던 셈이다.

비스마르크 덕분에 독일은 통일, 경제성장, 군사적 승리를 거머쥐었지만 영국, 프랑스와의 신뢰는 악화되었다. 그리고 그 여파로 발발한 1차 대전으로 독일은 거대한 실패를 경험한다. '완벽한 중재자'란 현실 정치에서나 일상생활에서나 불가능하다. 차라리 건강한 이웃이 되려고 하는 것이 낫다.

비스마르크 덕에 선도국이 된 독일

독일은 원래 19세기 초반 나폴레옹의 침공을 받고 수렁에 빠져 있던 나라였다. 또 하나의 국가가 아니라 중세 때부터 내려오는 여러 영주의 도시국가로 나뉘어 있었다. 오스트리아, 러시아, 덴마크와 같은 인접 강대국들이 계속해서 독일의 정치에 음양으로 개입하며 국가로서의 자존심에 큰 상처를 줬다.

비스마르크는 이런 정치적 분위기 속에서 독일의 중세 영주부터 이어지는 지역 국가인 영방領邦 가운데 가장 큰 나라였던 프로이센의 외교관으로 정치를 시작했고, 황제의 신임을 받아 총리의 자리에도 올랐다.

19세기 중반 무렵 독일이 가장 많이 의식했던 나라는 오스트리아였다. 헝가리, 체코, 보스니아, 이탈리아 북부까지 망라하며 다민족, 다문화 정체성을 갖고 있는 나라였다. 따라서 오스트리아와 독일은 같은 게르만족이라는 전통은 공유하고 있었지만, 정치적 이해관계는 다소 달랐다. 비스마르크는 오스트리아를 제외한 나머지 독일 영방끼리의 통일을 의미하는 소독일주의Kleindeutsche Lösung를 채택하고 선도 국가를 만들어내자는 구상에 착수했다.

이후 1866년 북부 독일에 속한 나라들은 오스트리아와 싸움을 벌였고 승리를 얻는다. 독일-오스트리아전쟁으로 22개의 작은 영방들이 프로이센을 중심으로 북독일 연방을 만듦으로써 패권의 그림이 1차적으로 완성되었다. 후진국이 선진국을 상대로 싸울 수 있었던 비결은 프로이센이 오랫동안 인접국인 폴란드, 러시아와 우호적 관계를 맺고 있었기 때문이다. 비스마르크는 '절대로 동부로 진출하지는 않겠다'는 배후 계약을 러시아와 맺고, 군대가 오스트리아로 향하게 했다. 비스마르크가 정치 인생에서 현실로 만든 첫 번째 '외교적 곡예술'이 프로이센과 러시아 간의 암거래였다.

하지만 독일 옆의 프랑스는 이 상황을 별로 달가워하지 않았고, 남부 독일의 여러 지역 국가들이 북독일 연방에 가담하지 않도록 했다. 이 틈을 타서 비스마르크는 '프랑스는 독일의 통일을 진심으로 원하지 않는다'는 민족주의적 내용으로 국민들을 선동했다. 그 결과 1870년 독일-프랑스 전쟁, 이른바 보불전쟁普佛戰爭이 발발했고 독일은 커다란 승리를 거머쥐었다. 독일군에 포로로 붙잡힌 황제 나폴레옹 3세가 퇴위해야 할 정도였다.

패자 프랑스에서 받은 막대한 전쟁 배상금을 산업혁명에 투입한 결과 독일은 1880년대 초까지 고도의 경제성장을 이루며 유럽에서 가장 생산 규모가 큰 나라가 되었다. 비스마르크가 '강한 나라를 위해서는 철과 피[鐵血]가 필요할 뿐'이라는 말을 남긴 것도 보불전쟁이 끝날 무렵이었다.

프랑스와의 싸움이 성공적으로 끝날 수 있었던 비결은 인접국인 영국의 묵인이 있었기 때문이다. 프로이센 왕실은 영국 왕실과 혈연관계에 있었다. 비스마르크가 마지막으로 모셨던 빌헬름 2세Wilhelm II 황제도 영국 사위였다. 영국이 프랑스와 독일의 싸움을 팔짱 끼고 지켜보도록 한 것은 두 번째 '외교적 곡예술'이 낳은 성과였다.

인접 국가들의 알력 관계를 교묘하게 이용해 줄타기를 하는 비스마르크의 방식은 제법 성공을 거두었다. 그리고 독일이 유럽에서 선도 국가가 되게 하는 원동력이 되었다.

정직한 중재자? '이기적인 중재자'

프랑스와 싸워 이긴 후 독일제국의 안보 정책은 보수적 성향으로 바뀌었다. 군이 밖으로 영토를 확대해 인접국들과 싸움을 벌이기보다는 전쟁으로 얻은 성과를 지키자는 입장이 우세해졌다. 이때 비스마르크가 내건 정책은 '정직한 중재자'였다. 독일은 다른 유럽 국가들처럼 식민지 개척을 하지 않고, 애써 얻은 균형을 깨지도 않으며 오히려 여러 나라 간의 대화와 소통을 돕는 채널로서 활약하겠다는 것이었다. 요즘 표현으로 따지면 '균형자론'을 편 것이다.

그 여파로 독일은 복잡한 동맹과 협상을 중재하는 중매쟁이 노릇을 톡톡히 했다. 1881년 오스트리아, 러시아와 함께 '삼제 동맹Three Emperors' Alliance'을 맺어 서로 침략하지 않겠다는 방침을 확인했다. 1882년에는 갈등을 벌이던 오스트리아와 이탈리아 사이에서 독일, 오스트리아, 이탈리아 간 '삼국 동맹Triple Alliance'을 맺었다. 가장 사이가 안 좋은 두 나라의 다리 역할을 해서 번영의 길을 열겠다는 의도였다. 1887년에는 영국, 이탈리아, 스페인 등과 함께 '지중해 협정Mediterranean Agreements'을 맺었다. 이집트에서 영국과 프랑스가, 관세 문제에서 프랑스와 이탈리아가 갈등을 벌이는 것을 틈탄 조약이었다. 이쯤 되면 비스마르크는 여러 나라 간의 거간居間이 주전공이었다.

하지만 '정직한 중재'는 넌센스였다. 여러 협정과 동맹을 주선하는 과정에서 독일이 일관되게 세운 방침이 있었다. 바로 프랑스를 고립시킨다는 전략이었다. 사실상 독일은 중재자가 아니라 이해 당사자였음에도 불구하고 여러 나라 간의 관계를 좋게 개선시킬 수 있다는 환상에 빠져 있었던 것이다. 영국, 이탈리아, 러시아 등 모두 그 속내를 알고 있었지만 당장의 이익 때문에 눈을 감아준 것뿐이었다.

게다가 독일은 식민지를 개척하지 않겠다는 당초의 선언도

깨고 아프리카 지역에서 계속해서 영토를 넓혀나가려고 했다. 정직한 중재는 온데간데없고 이기적인 중재만 남아 있었다.

잘못된 중재가 촉발시킨 1차 대전

비스마르크의 실패는 그가 정치적으로 은퇴하고 1898년 사망한 후 본격적으로 증명되었다. 독일은 지중해 협정 이후 강한 해군을 양성해 국제적인 군사 국가로 거듭나려 했다. 자연히 해군을 통한 세계 전략을 지향하던 영국과 이해 충돌이 일어나게 되었다.

1900년대에는 동맹국 오스트리아가 동쪽으로 영역을 넓히려다가 러시아와 충돌했다. 독일은 '동방 정책'의 일환으로 오스트리아를 돕고 있었다. 그러다 1914년 오스트리아의 황태자가 세르비아의 테러리스트에게 암살당하는 사건이 벌어졌다. 두 나라 간의 전쟁이 일어날 수밖에 없었다. 세르비아의 보호국 입장이었던 러시아가 싸움에 끼어들게 되었다.

여기에 오스트리아의 동맹국이었던 독일은 과거 러시아와 삼제 동맹을 맺은 사이였음에도 불구하고 전쟁에 참여한다. 비스마르크가 외교적 우위를 지키기 위해 주도했던 중재 외교의 균형이 망가지는 순간이었다. 그 와중에 프랑스까지 러시아를 지원한다는 명분하에 싸움판에 이름을 올렸다. 1차 대전의 서막이었다.

　그마저도 독일군은 프랑스군을 서부 전선에서 고립시키고자 벨기에를 넘어 공격하는 전략을 썼다. 그러자 바다 건너 영국이 프랑스를 지원하기 시작했다. 독일의 벨기에 점령은 비유하자 면 '영국 섬을 향한 피스톨'이 될 수 있었기 때문이다.

　비스마르크가 그토록 중재자 전략에 집착했던 이유는 독일 이 고속 성장의 반대급부로 주변국으로부터 고립당하지 않게 하기 위함이었다. 하지만 인접국들은 다단계식으로 여러 나라 간의 관계를 확장해나갔던 독일의 진정성을 믿지 않았다. 각 나 라의 욕망은 서로 충돌하는 과정에서 적절한 접점을 만들지 못 하고 결국 세계대전으로 번지고 만다.

　중재자는 이해 당사자 간의 관계를 강제로라도 낮게 만들 힘 이 있을 때나 가능한 이야기다. 상대방을 정치적으로 변화시킬 힘이 없는 사람은 '중재자'가 아니라 '거간꾼'에 불과하다. 차라 리 순간순간의 가치에 충실한, 정직한 이웃이 되는 것이 낫다. 국제 정치뿐만 아니라 국내 정치, 일상생활도 마찬가지의 원리 가 통할 것이라고 본다.

젊은 감각을 배워라,
마크롱

많은 정치인들은 자신의 정체성을 드러내기를 주저하지 않는
다. 누구의 편이라거나 어떤 이념 성향이라고 밝히는 것이 정치
의 시작이라고 믿는 사람이 많다. 또 권력자의 환심을 사기 위
해 본심과 다른 정치적 입장을 밝히기도 한다. 하지만 남에 의
해 분류되기를 거부하는 사람들은 다르다. 그들은 확고한 원칙
을 지키며 타인에게 휘둘리지 않는다. 그리고 고정관념을 깨는
'자기식 선언'을 통해 세상을 놀라게 한다. 그들은 새로운 언변
과 포지션으로 'ㅇㅇㅇ 현상'의 주인공이 되기도 한다.

나는 좌파도, 우파도 아니다.[9]

마크롱Emmanuel Macron 프랑스 대통령이 2017년 첫 번째 대선에 출마했을 때 던진 말이다. 그는 사회당 정부의 경제산업장관을 지낼 때부터 규제 완화와 고용 확대 정책에 적극적인 모습을 보였다. 자신이 속해 있는 정당과는 반대의 입장을 폈던 것이다.

또 마크롱은 정치에 입문하기 전 금융계에서 일했다. 인수 합병과 채권 거래가 주된 직무였다. 안정과 분배를 중시하는 전통 좌파는 비판할 만한 이력이다.

하지만 타인의 편견을 뛰어넘을 만한 비전과 카리스마는 프랑스 내에서 새로운 현상을 만들었다. 마크롱은 최고 20퍼센트에 이르는 높은 실업률과 복지 재정의 비효율을 개선해야 한다고 믿었다.

탁월한 신념은 여기에서 멈추지 않고 혁신적 정치로 이어졌다. 마크롱은 2016년 사회당을 과감하게 박차고 나갔고, 더 나아가 전진이라는 의미의 '앙마르슈En Marche!'라는 신당을 만들었다. 평범해 보이지만 경쟁력 있는 청년 인재를 영입했고, 이때 남녀 비율은 일대일로 맞췄다.

정치 상황도 '혁신'에 우호적이었다.인종주의 정당을 막기 위해 현직 대통령이었던 올랑드François Hollande와 여러 정당이 연합해 '젊은 정치'를 도왔다. 마크롱은 2017년 5월 경쟁자인 극우파 르펜Marine Le Pen을 압도적으로 이겼고, 총선에서도 577석 중 350석을 얻는 쾌거를 누렸다.

젊은 정치는 포퓰리즘이 아니다

재미있게도 '젊은 정치'는 감성 표퓰리즘populism으로 이어지지 않았다. 마크롱은 당선 직후부터 프랑스를 고강도 개혁의 길로 이끌었다. 결과적으로는 역대 대통령 중 최단 기간에 지지율이 떨어진 인물이 될 수밖에 없었다. 생산적 복지를 외치며 실업 급여 규모를 줄였고, 민간기업을 중심으로 일자리를 늘리게 했다. 예산을 줄이고, 기업의 감세 혜택을 증가시켰다.

많이 걷어서 많이 주자는 것이 전통적인 프랑스 재정 정책 기조였다. 하지만 마크롱은 '열심히 퍼줘도 결국 돌아오는 것은 가난'이라고 외치며 국가 경제의 과감한 살 빼기를 단행했다. 대통령 취임 두 달 만에 국회와 지방 의회 정원을 3분의 2 규모로 줄이겠다고도 선언했다. 민간 일자리를 늘리기 위해 동료 정치인들의 수까지 줄이겠다는 '협박'이었다. 다수당의 대표였던 대통령 지지율이 취임 4개월 차에 30퍼센트대까지 급락했다.

만약 마크롱이 권력을 유지하기 위해 감성 정치 아이템을 남발했다면, 이런 개혁은 불가능했을 것이다. 자신을 지지해준 사람들에게서 과감하게 돌아서야만 가능한 일들이었다. 대선에서는 사회당 지지층과 중도 우파인 공화당 지지층이 똘똘 뭉쳐 마크롱을 지지했다. 두 그룹 다 감세 정책과 재정 축소에는 꽤 저항감이 강한 집단이었다.

하지만 마크롱은 지지자들에게 인기를 얻기 위한 정치가 아니라 당당한 정치를 지향했다. 연금 개혁과 실업 급여 현실화 과정에서 노조와의 충돌도 두려워하지 않았다. 방송과 언론이 돌아서고, 현직 대통령을 조롱하는 데모가 본격화되었지만 2017년 9월 프랑스의 실업자 수는 6만 4800명이 감소해 1996년 이래 실업률이 가장 큰 폭으로 감소했다.[10] 젊은 정치는 당당한 정치, 어떤 저항에도 굴하지 않고 길을 만들어나가며 돌파하는 자신감의 정치였다.

마크롱 리더십에는 개혁 대상이 매우 고통스러워할 수밖에 없는 측면이 있다. 어떤 정책이든지 진정한 변화가 가능해지는 시점까지 유예기간이 있기 마련이고, 분위기가 바뀌기까지 기다리기도 하는 법이다. 그러나 마크롱은 전광석화와 같은 속도로 일을 추진한다. 반대파는 법으로 제압하거나, 아주 효율적인 여론조사를 통해 프레임을 만들어 눌러버린다.

기한의 정치

젊은 정치의 또 다른 특징은 '기한의 정치'다. 언제까지 시간을 주면 그 안에 모든 일을 끝내버리겠다고 약속하는 것이다. 정치인들이나 공무원들이 가장 많이 하는 말이 '검토해보겠습니다'라는 표현이다. 누군가에게 이 이야기를 들었다고 '언젠가는 되겠지'라고 생각하면 오산이다.

검토해보겠다는 것은 '기도하겠다' 또는 '잘 되시기를 빈다' 고 말하는 것만큼이나 무책임한 말이다. 요구를 들어주지 않으면서 나쁜 사람이라는 인상도 남기지 않기 위한 수사학이다. 애매모호한 표현 안에는 무한한 방향성이 숨어 있는 것이 아니라 '당신이 원하는 대로 안 되어도 섭섭해하지 마라'는 맥락이 깃들어 있다. 반면에 진짜 변화와 혁신을 추진하는 사람은 상대방에게 적정 기한을 주고, 그 안에 충분히 대비할 수 있도록 여유를 제공한다. 하지만 그 기한이 지나면 어떤 예외도 없이 불이익을 준다.

마크롱은 2019년 4월 노트르담 대성당 화재로 취소된 대국민 연설에서 충격적인 개혁을 발표할 예정이었다. 2022년 이후부터 '프랑스 내 병원, 학교 등은 절대 폐업이 불가능하다'는 방침을 꺼내든 것이다. 노조에게는 변화에 대비할 기한을 주고, 국민들에게는 정확히 시간 약속을 한 셈이다. 공공 노조들의 파업과 임금 교섭은 프랑스 사회를 수시로 마비시키는 원인 중 하나였다. 시위가 과격화되어 파리 시가지의 교통 체증은 물론이고 화재가 잇따르고는 했다. 마크롱은 시민에게 불편함을 주는 것이 가장 큰 죄악이라고 보고 강경·폭력 시위와 공공 파업의 뿌리를 뽑으려고 했다.

또한 자신이 졸업한 국립행정학교ENA의 폐교를 선언한다. 국립행정학교는 1945년 2차 대전 후 만들어진 엘리트 관료 양성기관으로, 이곳을 졸업하면 정부 부처의 간부급 공무원으로 근무할 수 있다. 하지만 언제부터인가 국립행정학교 입학생들의 출신 성분이 상류층으로 고착화되고, 프랑스 행정부의 엘리트들이 '고인 물'이 되고 있다는 지적이 확산되었다. 극도의 효율성과 경제성을 추구하는 마크롱은 고위 공무원을 뽑는 방식에도 민간 산업계의 경력 채용 시스템이 적용될 필요가 있다고 보았다. 그렇게 결국 모교를 없애버린 것이다. 여론의 향배를 지켜보느라 차일피일하지도 않았다.

꼰대의 가장 큰 죄악은 무능이다

마크롱은 프랑스의 '꼰대스러운' 것들을 과감하게 청소하고 있는 정치가다. 효율성과 합리성이 아니라 관행과 타성으로 무장된 특권과 지대를 부수고 있다. 지금껏 유럽 어느 나라에서도 겪어본 적이 없는 급격한 개혁으로 매일매일 세상을 놀라게 할 뉴스를 만들어내고도 있다.

꼰대들의 가장 큰 특징은 변화에 대한 비논리적 저항이다. '사람 사는 사회가 다 그렇지 않느냐'며 일하는 방식을 바꾸기를 거부하는 사람, 사안의 본질을 보지 않고 상대의 출신이나 과거를 따지는 사람 모두 꼰대다.

유권자에게 표를 얻어야 하는 정치인들 대다수는 그들을 거스르기보다는 적당히 어르고 달래서 지지자로 남겨두는 데에만 관심을 가졌다. 이런 세태다 보니 어느 나라를 가도 젖과 꿀이 흐르는 직장에서 무능을 시전하는 이들이 넘쳐나는 것이다. 그 피해는 고스란히 젊은이들이 입는다. 꼰대는 끊임없이 사다리를 걷어차는 존재이기도 하기 때문이다.

마크롱의 개혁이 어떤 정치적 결실을 맺을지는 아무도 모른다. 당장 2022년 있을 대선에서 재선하지 못할 것이라는 관측도 많다. 과도한 혁신에 대해 피로감을 호소하는 사람들도 꽤 있기 때문이다. 또 깨끗함을 무기로 집권한 집단 안에서도 부패와 권한 남용이 문제로 대두되고 있다.

하지만 반대에 굴하지 않고 앞으로 나아가는 마크롱의 개혁적 자세는 분명히 큰 시사점이 있다. 어떤 상황에서도 자신감을 잃지 않는 지도자인 것처럼 보인다. 미국 대통령 트럼프Donald Trump와 처음 만났을 때도 상대의 자세를 장악하는 그의 악수법에 눌리기는커녕, 오히려 강하게 손을 잡으며 놔주지 않았다고 한다. 그래서인지 마크롱은 트럼프가 가장 부담스러워했던 유럽 지도자 중 하나로 손꼽힌다. 앞으로 어떤 젊은 정치로 사람들을 놀라게 할지 두고 볼 일이다.

실용적으로 생각하라, 블레어

2차 대전 후 최장 기간 영국의 총리였던 블레어Tony Blair는 실용주의 정치인의 대표 사례로 꼽힌다. 보수와 진보의 이념적 스펙트럼에서 벗어나 국익 중심의 의사결정을 했기 때문이다.

2000년대 초 진보 성향의 영국 일간지들은 블레어를 가리켜 '토니 블러Tony Blur'라고 비꼬았다. '모호하다'는 뜻의 블러Blur를 붙여가며 수정주의, 실용주의 노선을 공격한 것이다. 영국 노동당의 극좌 성향 지지자들은 아예 '토리 블레어Tory Blair'라고 부르기도 한다. 토리는 영국 보수당의 옛이름이다. 블레어 정부가 차라리 보수주의자들이라고 불러도 좋을 만큼 친親시장 정책을 폈기 때문에 생긴 멸칭이 아닌가 싶다.

긴장과 균형 사이를 오가는 블레어의 정치

왜 이 시점에 블레어에 주목해야 할까. 한국뿐만 아니라 전세계 정치 또는 거의 현실 정치 수준으로 모략이 판치는 기업이나 공공 조직 안에서 참고가 될 만한 균형감, 관용, 개혁 노선 같은 것들을 배울 수 있는 대상이기 때문이다.

블레어는 영국 노동당이 1979년부터 18년간 찬밥을 먹은 끝에 내세운 차세대 스타였다. 1994년 노동당 대표 스미스John Smith가 갑자기 사망하고 열린 전당대회에서 젊은 당원들의 지지를 받아 당선된 블레어는, 1997년 총선에서 노동당이 승리하면서 영국 총리로 취임했다.

블레어는 데뷔 때부터 매우 독특한 정치인으로 분류되었다. 부모는 보수당 지지자임에도 노동당에 입당했고, 당에 몸을 담고 있으면서도 주류인 극좌old romantic 노선이 아닌 수정주의 노선을 택했다. 또 스코틀랜드에서 오랫동안 살았으면서 잉글랜드 북부를 지역 기반으로 삼았다. 한마디로 비주류이자 개척자의 길이었다.

1982년 처음 출마한 총선에서는 '유럽경제공동체EEC는 영국의 경제적 자유를 박탈한다'고 주장했지만 총리가 되면서부터는 '영국은 유럽 밖으로 나가서는 안 된다'고 입장을 선회하기도 했다. 유럽경제공동체는 오늘날 유럽연합EU의 전신이다.

블레어는 정체성보다 표를 중시하는 전략을 선호했다. 이에 대표에 당선되면서부터 노동당Labour Party이라는 표현보다 신노동당New Labour이라는 자신의 슬로건을 더 자주 썼다. 그 이전까지 40여 년간 영국 노동당은 전통 시장 질서에 반대만 하는 집단이라는 이미지가 강했다. 국유화와 사회민주주의, 유럽연합에 대한 모호한 태도 등은 영국 국민들이 싫증을 내게 하는 정치적 요소들이었다. 주로 노동조합의 권익을 대변하는 정책들이었기 때문이다.

블레어는 전통 제조업 노조 위주의 노동당 정부의 정책 노선을 타파하고, 서비스산업, 특히 IT나 금융과 같은 신산업 종사자들에게도 힘이 되는 정책을 밀었다. 똑똑한 전환이었다. 그 결과 오늘의 세계 금융 중심지인 '시티 오브 런던City of London'이 만들어졌다.

사회학자 기든스Anthony Giddens는 『제3의 길The Third Way』에서 동명의 개념을 개발해 이념에 휘둘리지 않고 실용적 문제 해결을 지향하는 정부와 정당의 가능성을 발표했다. 영국 국민들은 제3의 길을 가리켜 '블레어리즘Blairism'이라고 불렀다. 마르크스—레닌주의와 사회민주주의는 더 이상 젊은 세대의 관심사가 아니었다. 블레어는 복지와 자조, 시장 자유화와 규제 사이의 긴장과 균형을 일관되게 유지했다. 그 결과 집권 4년만인 2001년 영국 총선에서 노동당은 영국 하원 전체 의석수 659석 중에 413석을 차지했다. 2당인 보수당은 166석, 3당인 자유민주당은 52석 순이었다.

전향을 성과로 만드는 기술

블레어의 전향이 배신이 아닌 혁신으로 인식될 수 있었던 비결은 무엇일까. 망설이지 않는 리더십과 목표 지향성이 무엇보다 가장 큰 역할을 했다. 블레어는 노동당 정치인임에도 줄곧 자유 진영의 이익을 대변하는 안보 정책을 폈다.

1998년 동유럽의 코소보에서는 코소보의 자치주 지위를 박탈하고 세르비아에 편입시키려고 한 것에 대한 반발로 무장투쟁이 전개되었다. 이에 세르비아군이 코소보의 80퍼센트 가량을 차지하고 있는 알바니아계 주민을 이른바 '인종청소'하는 일이 벌어졌고 수만 명의 난민이 발생했다. 이때 블레어는 미국보다 먼저 '코소보 해방'을 외치며 군사 개입에 참여했다.

9.11 테러 이후 아프가니스탄에 영국군을 파견한 일, 미국의 부시George Walker Bush 대통령과 연대를 다지기 위해 이라크전에 참여한 일도 같은 맥락으로 볼 수 있다. 관련해 이라크전 참전 조사위원회는 2016년에 보고서를 통해 영국군 파병은 '후세인 Saddam Hussein이 대량 살상 무기로 유럽 본토를 공격할 수 있다'는 식의 잘못된 정보를 받아들인 결과라는 해석을 내놓았다. 진위 여부가 무엇이든 이 또한 블레어가 '강한 영국'을 지향했기 때문에 가능한 일이었다.

또 다른 실용주의의 성공 비결은 '정치 이념에는 유연하지만, 역사적 정체성에는 확고한' 모습에 있다. 영국인들은 왕실이나 국교회와 같은 자국 전통에 매우 충실한 사람들이다. 블레어는 왕조에 비판적인 노동당 소속 총리였음에도 불구하고 줄곧 여왕에 대한 존중심을 나타냈다. 특히 다이애나 비^{Princess of Wales Diana}의 불행한 죽음과 영국 왕실의 홀대 논란으로 군주제에 대한 회의론이 제기될 때도 총리로서 철저한 바람막이 역할을 했다.

또 그는 가족 모두가 가톨릭 신자임에도 불구하고 총리로 있는 동안에는 국교회 교적을 유지했다가 퇴임 이후 개종했다. 블레어가 혼합주의자, 수정주의자임에도 포기하지 않는 가치가 있다는 사실은 영국인들에게 큰 위안이 되었다.

포퓰리즘을 경계하면서도 이슈를 선제적으로 제시할 줄 아는 리더십도 블레어만의 강점이다. 그는 수십 년간 영국의 골칫거리였던 북아일랜드 문제를 매우 평화적으로 해결했다. 전임자들 중의 하나인 대처^{Margaret Thatcher}만 해도 영국 본토인들의 결속을 위해 북아일랜드의 독립을 외치는 아일랜드 공화국 운동가들에게 강경한 태도를 취해왔다. 대처는 임기 도중 자신의 인기를 유지하기 위해 강한 안보 정책을 구사했고, 포틀랜드 전쟁까지 일으키기도 했던 사람이었다.

반면에 대처의 경제 노선을 노동당에 이식했던 블레어는 대중을 의식한 그의 외교 방식은 배우지 않았다. 오히려 그동안 영국 지도자들이 감히 꿈꾸지 못했던 북아일랜드 내 친영파와 독립파 간의 중재를 통해 '평화로운 자치'를 성공적으로 이끌어냈다. 아일랜드인들은 엘리자베스 2세 여왕의 친척인 마운트배튼Mountbatten 경을 폭탄 테러해 죽이기도 했던 사람들이다. 자치라는 옵션을 통해 안보 문제를 해결한 것은 이슈를 선제적으로 제기하고 풀 줄 아는 블레어만의 지혜였다.

'노동자 계급'에서 '새로운 중산층'으로

영국 노동당은 노동자 계급을 위한 정당이었다. 하지만 블레어가 집권하기 이전까지 18년간 인기는 바닥을 기었고, 웃음거리가 되었다. 대중의 고정관념을 깨기 위해 1999년 블레어는 '새로운 중산층New Middle Class in England' 개념을 들고 나오며 '영국에서 노동자 계급은 사라질 것'이라고 단언했다.

오랜 세월이 흐르며 영국인들의 계층 인식은 이미 변하고 있었다. 영국 《가디언The Guardian》의 1999년 조사에 따르면 '50퍼센트'의 인구가 스스로를 '중산층'이라고 답했다고 한다.[11] 이들 중 상당수는 영국 보수당이 오랫동안 키워왔던 유권자들로, 블레어는 이들을 공략했다. 블레어는 '기회의 사다리를 타고 번영된 미래를 구축하는 새 중산층이 새 시대를 이끌어간다'고 선언했다. 이 시도는 매우 주효했다.

앞으로의 정치는 이념, 정체성과 같은 추상적 가치보다 실질을 추구할 것이다. 소속 집단이 오랫동안 답습해온 가치만 좇는 사람은 금세 바보 취급을 당하기 십상이다. 우습게도 2020년의 영국 노동당이 그랬다. 지난날 블레어가 어떻게 '우클릭'을 했는지는 까맣게 잊어버리고 다시 마르크스—레닌 스타일의 근본주의 노선으로 가고 있다. 영국 국민들은 코로나 시대에 정치인들이 민생에 집중해주기를 바라지만, 막상 정치 생태계 안에서 이합집산에 바쁜 노동당 국회의원들은 자기 장사를 위한 이념 논쟁만 벌이고 있는 형국이다.

제대로 된 정치는 정치인들에게 맡겨놓는 방식으로는 이뤄지지 않는다. 우리는 일상에서 다양한 정치적 관계에 끊임없이 직면한다. '블레어의 실용주의'를 배워야 하는 이유가 여기 있다. 사람들의 뇌리에 박힌 고정관념에 복무하기보다는 계속해서 새로운 시각으로 사회 문제를 정의하는 것, 그리고 이념을 막론하고 문제를 해결하도록 관심을 모으는 것은 우리 모두가 해야 할 일이다.

5부

경제

어떻게
남의 이익과 내 몫을
나눌 것인가

**자본주의가 낳은 괴물이 되지 않는
경쟁의 기술**

Adam Smith

Robert Shiller

Daniel Kahneman

Oliver Eaton Williamson

Esther Duplo

Douglass Cecil North

덕 없는 부자가 되지 말라,
스미스

부자들은 다른 사람의 마음을 읽어 기회로 만들 줄 안다. 그렇게 '독심술'을 발휘한 후 지혜롭게 행동하느냐, 안일하게 행동하느냐에 따라 '청부清富'와 '졸부拙富'로 나뉠 뿐이다. 누가 더 오래 가는지는 굳이 여기저기 묻지 않아도 이미 알고 있다.

전통 경제학은 오랫동안 착한 부자의 행동에 대해서는 관심을 기울이지 않았다. 인간이 이윤을 추구하는 동기는 오직 이기심 때문이라고 가정하고 많은 상황에서 이익 극대화만을 전제로 내걸었다. 학창 시절 경제수학 수업을 듣지 않았더라도 '모든 조건이 동일하다면' '~라고 전제하면'이라는 수식에 따르는 표현을 들은 사람이 꽤 있을 것이다. 상당수는 그 아이디어가

『국부론The Wealth of Nations』을 쓴 스미스Adam Smith로부터 출발한 것이라 알고 있다. 돈에 대해 이야기한 고전 집필자 가운데 가장 유명하기 때문인지도 모른다. 스미스가 『국부론』에 남긴 문장은 오늘날에도 유명하다. 우리가 빵을 먹을 수 있는 것은 빵집 주인의 '자비심'이 아니라 '이기심' 때문이라는 말이다.

이익과 이기심은 다르다

스미스 본인은 한국인들의 오독을 정말 억울해할지도 모른다. 『국부론』에서 말한 것은 '자기 이익self-interest'이지 '이기심selfishness'이 아니기 때문이다. 원문 어디에도 이기심이라는 말이 등장하지 않음에도, 한국 사람들은 스미스를 꽤 냉혈한 이기주의자 정도로 받아들였다. 그 결과 스미스의 이론은 가열차게 경쟁하는 세상을 정당화하는 논리, 지속되는 불평등과 지대 추구를 긍정하는 논리로 잘못 쓰여왔다.

원래 스미스는 경제인도 아니었고, 대학에서 경제학으로 학위를 받은 연구자는 더더욱 아니었다. 인간이 왜 부를 추구하고 그를 통해 사회가 성장하는가에 대해 관심을 가진 철학자였을 뿐이다.

그렇다면 자기 이익과 이기심은 어떻게 다른가. 한 경제학자에 따르면 기부나 사회봉사, 남을 향한 배려와 같은 이타적 행동은 충분히 당사자 개인의 이익을 극대화하는 행위가 될 수 있다. 그 일을 통해 스스로는 행복감을 얻고 사람들로부터는 평판이 좋아질 수 있기 때문이다. '나는 충분히 괜찮은 사람'이라는 의식 속에서 에너지를 얻어 더욱 다양한 기회와 성장을 추구하는 것 또한 이타적 행위로 인한 자기 이익이다. 반면에 이기심은 모든 행위를 칼같이 이익과 비용으로만 따지는 심리다. '장기적으로 인생을 살아가는 데에 도움이 된다'는 판단은 이기심의 발로가 아니라 이타성 인식의 전략적 측면에 가깝다.

이기심과 자기 이익을 혼동하게 되면 자칫하다가 전 국민이 팥쥐나 신데렐라 엄마가 될 수 있다. 그래서 스미스는 그 옛날에도 '공감sympathy' 또는 '도덕 감정moral sentiment'의 기능을 강조했다. 인간은 남의 마음을 읽고 내 마음의 상태가 어떤지 들여다볼 수 있는 인식 수준을 갖춘 고등동물이다. 미국의 문명 비평가 리프킨Jeremy Rifkin은 공감 능력을 갖춘 인간을 '호모 엠파티쿠스Homo Empaticus'라고 명명하기도 했다. 약 400년 전에 스미스가 이야기한 인간형 또한 '공감 잘하는 부자'였다.

『도덕감정론The Theory of Moral Sentiments』에는 더 기가 막힌 이야기도 있다. 도무지 스미스가 '보수 우파'라고만 읽히기 힘든 내용이다. 그에 따르면 부자는 생산물 중 가장 값지고 좋은 것을 '선택'할 뿐, 모든 성과는 빈자와 나눈다. 부자는 '보이지 않는 손invisible hand'에 따라 토지가 모두에게 '동일하게 분배'되는 것과 유사하게 생필품을 분배한다. 이를 통해 '무의식적'으로 사회의 이익을 증가시키고 인류의 번식을 돕는 존재인 것이다.[12] 그렇다. 중고등학교 시절 사회 교과서에서 익숙하게 보았던 '보이지 않는 손'은 무작정 이윤을 추구하는 시장 메커니즘이 아니라 부를 자연스럽게 배분하는 사회 구조를 뜻했던 것이다.

스미스가 글을 쓸 무렵만 해도 영국에서는 시장에 개입하는 다양한 기득권층이 존재했다. 왕실과 귀족, 지역마다 유지 노릇을 하던 성직자들이 대표적이었다. 그들은 사회적 특권을 무기로 끊임없이 시장 경제에 개입하며 자신들의 지분을 추구했다. 이들의 '보이는 손visible hand'이 계속해서 지배적 질서로 작동하는 한, 빈자가 성공해서 부자가 되고, 부자가 다시 자연스럽게 부의 배분을 돕는 일은 일어나기 어려웠다.

스미스가 말한 자기 이익은 '부자가 덕 있고 개념 있게 행동함으로써 얻을 수 있는 장·단기적 이익'을 말하는 것이었다. 그들이 사회와 시장에서 자발적으로 선한 영향력을 끼치게끔 하기 위한 자유를 허용하라는 것이지, 이성의 고삐를 놓고 무한대로 질주해도 가만히 내버려두라는 입장이 아니었다.

스미스와 마르크스의 평행 이론

더욱더 충격적인 것은 스미스가 '노동 소외'에 대해 이야기한 것이다. 원문을 읽어보면 마르크스가 주장한 것과 유사하다. 부자, 즉 자본가가 물건을 생산하는 과정에서 노동자들을 분업分業 기반으로 관리하게 되면, 그들을 자칫 부품 또는 도구처럼 여길 위험도 있다는 것이다.

과거 장인들에게는 물건이 만들어지는 과정을 자신의 사명과 결부 짓는 직업의식이 있었다. 물건값은 단순히 제품을 구매함으로서 얻는 편익뿐만 아니라 장인이 생산을 위해 기울인 열정에 대한 대가라는 개념을 담고 있었다.

하지만 자본주의 분업 체제하에서는 대규모 생산에 의해 제품 원가가 하락하면서 장인정신에 대해 지불하는 값이 자연스럽게 깎이게 된다. 그러면서 인간의 노동을 소중히 여기기보다는 이를 이용함으로써 발생하게 되는 비용을 신경 쓰는 노동 소외가 일어날 수 있다.

스미스는 성과급제도도 매우 조심스럽게 접근해야 하는 보상 시스템이라고 주장했다. 일의 성과에 대해 추가 수당을 주는 것은 노동자의 동기를 진작시키는 데에 매우 좋은 정책일 수 있다. 하지만 그가 돈을 더 벌려고 많은 시간을 들여 일을 하다가 건강이 상할 수도 있고, 가정의 평화가 깨질 수도 있다.

기업가는 때때로 노동자들을 과감하게 쉬게 해야 한다. 그래야만 장기적으로 더 나은 부를 추구할 수 있다. 오늘날 근로 시간 단축이나 직장 내 괴롭힘 방지 같은 것들을 고민하는 진보 진영의 경제 정책과도 꽤 접점이 있는 내용이다. 이런 내용이 『국부론』과 『도덕감정론』에 실려 있다. 스미스가 마냥 부자들을 편드는 사상가, 그들의 욕망 추구를 무한대로 허용하는 방관자라고 봐서는 안 되는 이유이기도 하다.

모든 사회가 기억해야 할 공정함의 가치

바야흐로 공정을 따지는 시대다. 채용 과정의 공정, 병역 의무의 공정, 입시에서의 공정 등 허다한 공정·불공정 이슈와 논쟁이 있다. 그중에서도 경제적 공정성은 건강한 시장 질서를 만드는 데에 매우 중요한 잣대다. 스미스는 마음속의 '공정한 관찰자impartial spectator'를 통해 자기중심적 태도에서 벗어나라고 말한다.[13]

요즘 서점가에는 부와 관련된 책이 유독 많다. 경제가 어려워질수록 먹고 사는 문제에 더 많은 관심을 갖게 되고, 결국 믿을 것은 자산 하나밖에 없다는 자각이 생긴 탓도 있을 것이다. 그러나 스미스는 자유의지로 부를 추구하는 것도 좋지만, 공정성과 덕이야말로 가장 중요하다고 이야기한다. 자신이 부를 창출하기 위해 이용하고 도움을 받은 공동체의 자원을 생각해서라도 반드시 공정해야 한다는 것이다.

앞으로는 부를 결과 위주로 대하던 방식에서 벗어나, 부를 창출하는 과정 중 개개인이 어떤 행동을 했는지에 대해 더욱 관심을 기울일 것으로 보인다. 그 사람의 말, 글, 품행 등이 돈을 버는 데에 미치는 영향도 실증적으로 따져보게 될 것이다. 과거에는 '비경제적인 변수'로 취급했던 것들이다. 부를 이미 창출한 사람은 자신이 쌓아 올린 것을 지키기 위해서라도 공정성에 더 많이 신경써야 할 것이다.

돈은 비합리적으로 움직인다, 실러

어느 동네에 재건축 아파트 단지가 4년간의 공사를 마치고 들어섰다. 그 아파트는 철거 이전 재건축 조합이 만들어질 무렵부터 이미 '넘사벽'이 되어서 같은 지역 사람들이 제값을 주고 살 가능성은 거의 없었다. 강남 출신으로 자산을 증여받은 신혼부부나 외국인 부자들이 겨우 들어올 만큼의 아파트라는 소문이 돌았다. 오해는 눈덩이처럼 부풀어서 불과 1~2주 만에 집값이 2~3억씩 오르는 '살풍경'도 벌어졌다.

그런데 더 웃긴 현상이 생겼다. 재건축 아파트는 새로 들어서는 시설이니 그렇다 해도, 인근 지역의 오래된 아파트 가격까지 오른 것이다. 부동산 중개인들의 설명이 기가 막혔다. 재건축된

'상류층 단지'가 들어선 이후 동네 전체가 '한 단계 격이 높은 부촌'이 될 것이라는 기대감 때문에 구축 아파트 매물까지 희귀해져 값이 상승한다는 것이었다.

전통 경제학의 관점으로는 좀처럼 설명하기 힘든 현상이다. '미래에 대해 거의 완벽할 만큼 정보를 갖고 있고, 경제 행위에 따르는 기회비용을 합리적으로 모두 따질 수 있는 수준의 사람'이라면, 그런 만화 같은 추정을 하지 않을 것이기 때문이다. 하지만 하루가 다르게 부동산값이 치솟고 있는 상황에서 그런 선비 같은 사고는 통하지 않는다. 이 와중에도 집값은 오르고, 새 아파트 가격은 더 빠른 속도로 치솟고 있다. 도대체 이게 정상일까.

실러, 경제의 본질은 '비합리'다

미국의 노벨 경제학상 수상자인 실러Robert Shiller는 '비정상적 행위가 바로 현실 경제의 본질'이라고 이야기한다. 실러는 인간의 불완전한 정보 처리 방식과 비이성적인 투자 심리를 결부시켜 독특한 '자산 가격 결정 이론Asset Pricing Model'을 만들었다. 재미있게도 실러와 같은 해에 노벨 경제학상을 수상한 사람들 모두 철저히 효율성 위주로 판단하는 인간을 전제로 한, 자산 가격 결정 이론을 개발했다.

가령 17세기 중반에 유럽 시장에서 큰 논란을 낳았던 '튤립 버블'이나 작곡가 헨델Georg Friedrich Händel도 뛰어들었던 '남해 회사South Sea Company 주식 버블'은 비합리적인 경제 행위의 전형이라고 볼 수 있다.

오늘 안 사면 내일 배가 되지 않을까, 이번에 완전히 문이 닫히지 않을까 하는 불안 심리가 공포 수요를 낳고, 결국 공급자 우위의 시장을 만들어 자산 가격이 뛰게 만든 것이다. 그렇게 불확실성과 욕망의 뒤틀림 속에서 시장 전체가 질주하다 보면, 언젠가는 문제가 터질 수도 있다.

또 다른 비이성적 투자 심리 회로도 있다. A라는 사람이 B라는 자산에 투자했는데 갑자기 그 종목과 관련된 뉴스가 여러 언론에 나고, 주변 투자자들의 마음을 울렁거리게 만들면서 시장 내에 기대감이 형성된다. 그리고 가격이 오를 것이라 예측하는 군중 심리에 의해 교묘하게 자산 공급량이 희귀해지면서 값이 더 뛴다.

이 과정이 두세 차례 반복되다 보면 자연스럽게 거품이 점점 커지게 된다. 만일 투자자들 중에 한두 사람이라도 최고점에 오르기 전에 팔아 이익을 실현하려 한다면 거품은 금방 무너질 수도 있다. 하지만 대부분 그렇지 않다. 특히 부동산이나 미술품처럼 누군가가 인위적으로 단기 공급량을 조절하기 힘든 자산인 경우에는 거품의 형성과 해소에 따르는 파급효과는 더욱 커질 수도 있다.

그래서 실러는 정부나 제3의 주체가 '보이는 손'을 통해 일정 부분은 시장에 개입해야 한다고 주장한다. 있는 그대로 가만히 내버려두면 비이성적인 인간의 속성에 의해 시장이 한쪽으로 쏠리기 쉽고, 그럴 경우 사회 생태계 자체가 망가질 수도 있기 때문이다. 실러에 따르면 '시장을 향해 노No라고 말하지 못하는 정부'는 매우 무능한 정부다.

돈을 벌려면 SNS 들여다보라

또 실러는 경제 현상을 해석할 때 객관적인 통계 자료나 정부 당국이 생산한 지표만을 이용해 판단해서는 안 된다고 주장한다. 지표 자체보다는 오히려 그것에 대해 받아들이는 군중의 심리가 경제에서는 더욱 폭발력을 갖는다. 국내총생산, 실업률, 금리와 같은 지표에 대해 사람들이 어떤 방식으로 이를 받아들이고 그 느낌을 서로 나누고 있는지에 대해 더욱 자세히 살펴볼 필요가 있다.

그래서 지금 우리가 주목해야 하는 것이 내러티브narrative, 즉 이야기의 힘이다. 비슷한 사람들끼리 서로 나누는 투자 종목에 대한 평판이나 토막 정보 같은 것들이다. 가령 페이스북이나 네이버 포스트, 블로그 채널과 같은 공간에서 특정한 기관 또는 기업과 관련된 자료가 잘 포장되어 유통된다고 생각해보자.

요즘 상당수 언론들은 꽤 설득력 있는 온라인 SNS 콘텐츠들을 공신력 있는 자신들의 플랫폼에 담아 '2차 유통'하고는 한다. 그렇게 했을 때 더 많은 매체 이용자들과 광고주들을 끌어들일 수 있기 때문이다.

1차 유통 과정에서는 밋밋하고 날것에 가까웠던 정보들이, 2차 유통 과정에서는 다양한 전문가의 해석과 구체적인 수치 등이 덧입혀지면서 더욱 힘 있는 데이터가 되기도 한다. 많은 사람은 공신력 있는 언론이나 방송의 보도를 1차 유통보다 더욱 믿을 만한 콘텐츠로 여긴다. 이렇게 채널을 갈아타면서 널리 퍼진 콘텐츠들은 장기적으로 특정 투자 종목이나 기업에 대한 지배적인 인상을 형성하며 결국 시장 가격에까지 영향을 미칠 수 있다.

만일 인간이 매우 합리적이고, 순간순간 일어나는 상황에 대해서도 완벽히 효율적으로 판단할 수 있는 존재라면 일어날 수 없는 일이다. 인간은 매우 감정적이고, 미래에 대해 걱정이 많고, 실제 손해를 보는 것 이상으로 손해를 본다는 느낌을 회피하고 싶어한다. 그래서 실러는 경제 당국이 전통적인 자료의 총합에 기반한 수치를 생산하는 데에만 급급할 것이 아니라 SNS나 각종 온라인 포털과 같은 공간에서 널리 퍼지고 있는 스토리텔링의 영향력을 복합적으로 측정하기 위한 잣대를 마련해야 한다고 주장한다.

이미 공인된 트위터의 주가 예측력

트위터를 비롯한 '마이크로블로그microblog'들이 금융 시장의 주가에 영향을 미친다는 연구는 이미 수년 전부터 꾸준히 나오고 있다. 실러의 스토리텔링 개념과 비효율적 시장 가설을 지지하는 후속 논문들인 셈이다.

유럽중앙은행European Central Bank은 2015년 트위터 감성 지수와 다우존스Dow Jones 지수 수익률 간의 인과관계를 분석했다. 만일 표준편차만큼 트위터 감성 지수가 증가하면 다음 날 다우존스지수는 0.1256퍼센트 증가하는 것으로 드러났다. 이는 99퍼센트의 신뢰 수준에서 유의한 통계였다. 과거 유럽중앙은행이 설문조사를 통해 얻은 자료와 주가지수의 관계를 추정한 것보다 훨씬 예측 성향이 높았다.[14]

만약 기업들이 회사의 주가를 끌어올리고 싶다면, 무엇보다 온라인 공간에 대한 꾸준한 관리와 바이럴 마케팅을 통해 평판을 관리할 필요가 있다. 소셜 데이터, 빅 데이터와 같이 디지털 민심을 측정할 수 있는 기술 또한 앞으로의 투자 가치가 상당해 보인다.

실러의 입장은 경제학자보다는 경영학자에 더 가까워 보이기도 한다. 굳이 외부로부터 객관적 평가를 받을 것을 기대하지 말고, 꾸준히 자기 자신, 자기 조직과 관련된 스토리텔링을 만듦으로써 영향력을 확보하라는 입장이기 때문이다. 어쩌면 한

푼 두 푼을 일일이 관리하는 '재무 담당자' 유형보다 입소문을
적극적으로 만드는 '마케터' 유형이 앞으로는 더 주목받을지도
모르겠다.

손실 회피 성향을 노려라,
카너먼

미국의 노벨 경제학상 수상자 카너먼Daniel Kahneman은 경제학과 심리학을 융합해 인간의 행동을 설득력 있게 설명한 학자로 알려져 있다. 최근 30년간 가장 인기 있는 학문인 행동경제학의 대표 주자로 고정관념, 막연한 낙관, 모방 구매와 같은 행위들을 경제학 모델로 설명하는 데에 정평이 나 있다.

카너먼에 따르면 인간은 지나온 과거의 경험을 종합적으로 분석하지 않고 기억하고 싶은 대로 기억하는 편향이 있다. 그래서 논리적인 사고를 하는 사람들만 모아놓아도 어처구니없는 의사결정이 내려지는 경우가 적지 않다. 기업의 임원 회의에서 얼토당토않은 투자안이 가결될 때, 개인이 막연한 기대감으로 무리한 자산 매입을 할 때 인간 사고의 불완전성을 확인하게 된다. 대부분의 사람은 스스로를 매우 객관적이라고 믿지만, 실제로는 몹시 주관적으로 의사결정을 내리고 행동하는 경향이 있다.

손실 앞에 너무나도 나약한 인간

"하청 업체에 5000만 원 줘야 할 것을 3500만 원으로 깎았습니다." 대기업 구매 부서 종사자들에게서 자주 들을 수 있는 말이다. 아무리 좋은 제품을 납품받더라도 비싸게 값을 치르려는 사람은 많지 않다. 조금만 버티다 보면 더 싼 가격에 같은 조건으로 물건을 줄 사람이 나타날 것이라 보고 결정을 미루는 경우가 꽤 있다. 최종 결과가 나쁘다 할지라도 '값싼 것이 좋다'고 믿어버리는 의사결정자들, 그들은 우리가 알고 있는 평균치의 사람들이다.

카너먼의 실험을 통해 조금 더 깊이 알아보자. 가령 100억 원의 수익이 기대되지만 10억 원의 투자가 필요한 프로젝트 A와 2억의 투자로 20억의 수익을 기대할 수 있는 프로젝트 B가 있다고 하자. 과연 어떤 선택을 하는 것이 합리적일까.

인간의 이윤 극대화와 최적화를 전제로 하는 고전경제학에서는 당연히 프로젝트 A를 택하는 것이 타당하다고 주장할 것이다. 하지만 카너먼은 자신의 실험 연구를 통해 프로젝트 B를 택하는 사람이 더 많다는 사실을 입증해냈다. 이유가 무엇일까. 기회보다는 손실에 훨씬 민감하게 반응하는 인간의 본성 때문이다. 이것을 가리켜 '손실 회피Loss Aversion' 성향이라고 한다.

이 프레임은 협상을 할 때도 유용하다. 상대방이 내 제안에 대가를 지불함으로써 벌어들이는 이익보다, 그것을 택하지 않았을 때 입게 될 손해를 강조하는 것이 훨씬 더 효과적이기 때문이다. 안 사면 경쟁자에게 팔겠다든가, 그럴 경우 상대방보다 훨씬 뒤쳐질 것이라는 식으로 과장을 더하는 것이다.

마피아 영화에서 조직의 보스들끼리 협상을 벌일 때 자주 사용하는 전법이 손실 회피 프레임을 씌우는 것이다. 인간을 설득하는 데에는 여러모로 한계가 있다. 그럴듯한 제안에 대해서는 먼저 의심하는 심리가 작동하기 때문이다. 또 사람은 자신이 해왔던 대로 관성적인 의사결정을 내리려는 존재다. 그 막강한 벽을 뚫으려면 합리적 설득이 아니라 불확실성과 공포를 자극하는 프레임이 훨씬 효과적일 수 있다.

카너먼은 사람이 얻는 것보다 잃는 것을 더 무서워하는 또 다른 이유로 '보유 효과Endowment Effect'를 이야기했다. 대부분의 경우 인간은 자신이 갖고 있는 것이 남의 것보다 훨씬 값지고 훌륭하다고 여긴다. 카너먼에 따르면 경제적 의사결정자가 무엇인가를 잃음으로써 얻게 되는 부정적 심리 효과가 새로운 것을 얻음으로써 느끼는 만족감의 2.5배에 달한다. 어린아이들에게 새로운 장난감을 주는 것보다 이미 손에 쥔 장난감으로 더 잘 놀 수 있도록 하는 것이 나은 이유도 보유 효과의 관점에서 해석할 수 있다. 어떤 자원을 보유한 기간이 길수록 감정적 애착, 자부심 등이 더해져서 소중함에 깊이가 생긴다.

2008년 미국발 금융 위기 당시 대중의 손실 회피 성향을 절묘하게 이용한 마케팅이 있었다. 경기가 얼어붙으면서 소비 심리가 위축되자, 미국에 진출한 현대자동차는 양극단의 세일즈를 하는 수밖에 없었다. 고민 끝에 개발된 정책이 이른바 안심 프로그램Assurance Program이다. 자동차를 구매한 사람이 1년 내에 실직할 경우 차를 되사주는 것으로, 쉽게 말해 한시 보증 프로그램이라고 할 수 있다.

승부수는 매우 적확했다. 2010년 기준으로 현대자동차 매출은 24퍼센트 증가했다.[15] 고객들이 어려운 시기에 자동차를 구매함으로써 예상되는 손실을 말끔하게 없애주었기 때문이다. 더 큰 손해를 입을까 우려도 했겠지만, 그만큼의 자신감과 깡이 있었기에 고객들을 끌어들일 수 있었던 것이다.

인간은 상황적 합리성을 추구하는 존재

이처럼 카너먼은 경제 현상의 깊숙한 곳에서 작동하는 인간의 심리에 대해 규명함으로써 경제학의 새 역사를 썼다. 그가 오늘날의 위치에 이르도록 많은 영향을 준 스승 사이먼Herbert Alexander Simon은 '제한된 합리성Bounded Rationality'의 개념으로 그보다 앞서 노벨 경제학상을 수상한 인물이다. 사이먼은 경제학 이외에도 인지심리학, 컴퓨터과학, 정치학 등의 분야에서 혁혁한 공로를 세웠다고 평가받는다.

사이먼에 따르면 인간의 의사결정이란 모든 상황에 알맞은 정보를 충분히 검토한 후에 이루어지는 것이 아니다. 그 '순간' 가장 '알맞고 지혜로운 답'을 도출한 후 행동에 옮길 뿐이다. 이것을 가리켜 '상황적 합리성'이라고 말하기도 한다.

결혼을 예로 들어보자. 대부분의 사람들은 자신이 원하는 조건, 외모, 성격 등에 완벽히 부합하는 사람이 나타날 때까지 기다리지 않는다. 결혼 적령기가 되었을 때 만난 사람들 중에서 몇 가지 만족스러운 요소를 제공한 인물을 택할 뿐이다. 흔히 스스로 눈이 높다고 여기는 사람들 중 상당수는 이상형을 반려자로 택할 가능성이 거의 없음을 알면서도 현실과 타협하지 않기도 한다.

상식적인 사람들은 누군가와 가족이 됨으로써 얻는 가치를 확률, 수량 등으로 계산하고 등수를 매기지 않는다. "이제 슬슬 국수 먹여줘야지?" "어머니, 아버지 걱정 그만 시켜"라는 주위의 심리적 압박에 못 이겨 결혼하려는 것 역시 일종의 제한된 합리성의 작용이다. 같은 의미로 손실 회피 성향 또한 불완전한 의사결정의 전형으로 볼 수 있다. 조금만 여유 있게 상황을 바라보면 상대방의 협박에 휘둘리지 않을 수 있는데, 잠깐 상상한 위험이나 손실 때문에 일을 그르치는 것이다.

정보 왜곡을 조심하라

이제 경제학에서도 인간의 마음을 들여다보는 일이 점점 중요해지고 있다. 전통 경제학자들은 가볍게 취급하던 인간의 심리는 이제 경제활동 분석에서 **빼놓을** 수 없는 요인이 되었다. 미국과 유럽의 경제학 연구들은 고전경제 이론이 깊게 다루지 않았던 심리적 요소들이 다른 경제적 변수보다 시장에 더욱 큰 영향을 미치고 있음을 주목하고 있다. 경제는 사람과 사람이 만나서 발생하는 일이기에 더욱 그렇다.

인간은 의식적, 무의식적으로 정보를 왜곡하는 동물이다. 협상 과정에서 자신에게 유리한 고지를 이끌어내기 위해서, 누군가에게 훌륭한 사람으로 각인받고 싶어서, 나중에는 그것이 진짜라고 믿어서 정보를 왜곡하는 경우가 허다하다. 손실 회피 성향도 대표적인 정보 왜곡 중 하나다.

따라서 벼랑 끝 전술을 통해 "너에게 극단적인 해를 입힐거야"라고 주장하는 사람, 마감 기한을 언급하며 "언제까지 선택하지 않으면 국물도 없어"라고 강조하는 사람, 가상의 경쟁자를 언급하며 "여러 사람이 문의했는데 우선권을 너에게 줄게"

라고 부추기는 사람들을 조심해야 한다. 그들 모두 찰나의 손실을 두려워하는 인간의 본심을 이용한 협상가들이기 때문이다. 물론 사회적으로 문제가 되지 않는 선에서 손실 회피 효과를 적절히 사용하는 것은 지혜로운 소통의 기술이라 할 만하다.

일의 경계를 잘 설정하라,
윌리엄슨

인간이 일을 처리하는 방식은 크게 두 가지다. 우선 직접 하는 것이다. 이 경우 시간과 품이 꽤 들지만 일의 시작부터 끝까지 내 손으로 마감할 수 있다는 장점이 있다. 하지만 특수한 기술을 필요로 하거나 과정이 복잡한 경우에는 남에게 도움을 받아야 한다. 그 경우 타인과 계약을 맺어 외주를 준다. 그는 특정한 업무에 대해서만큼은 나보다 전문가일 것이기 때문에 훨씬 효율적으로 일을 처리할 수 있다.

미국의 노벨 경제학상 수상자 윌리엄슨Oliver Eaton Williamson은 이 원리가 기업 조직의 경영에도 적용된다고 보았다. 우리가 아침 아홉 시에 회사에 출근해 여섯 시에 퇴근하는 생활을 할 수 있는 이유를 되짚어보자. 조직은 그 업무를 전문화된 외주 업체에 맡기거나, 인터넷을 통해 시간제 용역을 구할 수도 있었을 것이다. 흔히 긱 이코노미gig economy라고 부르는 플랫폼을 통해서 말이다.

하지만 극도의 보안 유지가 요구되고, 약속의 대상에 대한 충성심이 필요한 업무의 경우에는 그 사람을 조직에 들여야 한다는 판단이 도출된다. 고용 계약으로 그를 묶어두고, 효과적으로 통제하고 관리하면서 문제를 해결하는 것이다. 훌륭한 조직은 업무를 위해 인력을 채용할지, 아니면 외부에서 처리할지 효과적으로 결정한다. 즉 '일이 처리되는 경계boundary'를 잘 설정한다는 것이다.

인간은 언제든지 서로 속일 수 있다

이제부터 조금 학문적인 개념을 전제로 '조직과 일'에 대해 살펴보자. 윌리엄슨은 인적·물적 자원이 기업의 경계 밖에 있어서 그것을 시장에서 조달해야 하는 경우에 '거래 비용Transaction Cost'이 발생한다고 보았다. 가령 방송사가 외주 제작사에 작품 완성을 의뢰할 때 발생하는 외주비, 일반 기업이 IT 환경을 구동하기 위해 필요한 서버의 도급비 같은 것들이 대표적이다. 이외에도 특정 업무 전문가가 회사에 직접 고용되지 않고 조직 외부에 있으면서 자문하는 형태라면 그 대가로 지불하는 비용의 경우도 거래 비용이라고 할 수 있다.

이런 거래 비용에는 불확실성이 뒤따른다. 경제적 자원과 그에 따른 대가를 주고받는 사이에서 얼마든지 거짓말을 하고, 정보를 왜곡할 수 있기 때문이다. 윌리엄슨은 인간과 인간 사이에 형성되는 '신뢰'를 함부로 전제하지 말아야 한다고 주장한다.

대부분의 사람들은 이기적이고, 남들보다 자신이 이익을 더 많이 보는 것을 원하기 때문에 언제든지 기회주의적 행동을 할 수 있다. 이런 문제를 방지하기 위해 자본주의 사회에서는 거래의 당사자들끼리 계약이라는 것을 맺는다. 어떤 일은 허용하고, 어떤 일은 배상, 징벌, 손해 등의 부정적 결과를 감수한다는 식의 법적 약속을 맺는 것이다.

경제학자들은 계약의 내용과 조항이 구체적일 필요가 있다고 본다. 거래 당사자들은 자신만이 갖고 있는 비대칭적인 정보를 바탕으로 언제든지 뒤통수를 칠 수 있기 때문이다. 그래서 상대방이 저지를 수 있는 행동들을 최대한 다양한 시나리오로 계산한 뒤, 뒤따르는 결과를 계약서에 명시할 필요가 있다.

앞서 카너먼의 연구처럼 인간은 자신이 얻을 혜택보다 행위에 뒤따르는 손실에 더욱 민감한 존재다. 따라서 계약서를 통해서 규정된 경제적 제재는 매우 구체적이고 충분히 두려울 만큼이어야 효과가 있다. 지켜도 되고, 안 지켜도 될 것처럼 작성된 수준의 계약서는 상대방을 방심하게 할 수 있다.

우리 모두는 대리인이다

윌리엄슨의 '거래 비용'과 '일의 경계' 이론으로 설명할 수 있는 또 다른 요소가 관료제다. 베버가 논한 것처럼 관료는 기능적으로 매우 전문화된 인력이고, 그 지식과 경험은 다른 사람의 것으로 대체하기 쉽지 않다.

현대사회에서는 기업도 관료 시스템 형태의 인사 체계를 갖추고 있다. 기술, 마케팅, 법무, 홍보 등 각기 다른 역량을 가진 사람들이 계약을 통해 조직에 유입되어 일을 한다. 경제학자들은 이 행위를 가리켜 '대리인에 대한 위임'이라고 본다. 대리인은 조직의 주인으로부터 특정한 영역에 대한 업무를 위임받아 처리하기로 약속한 존재다. 주인은 그를 매우 효과적으로 관리, 감독하고 회사의 자원으로서 통제할 권리와 의무가 있다. 그렇게 하지 않으면 자기 이외의 다른 주주들이 누릴 부에 장기적으로 해를 끼칠 위험이 있기 때문이다.

이처럼 남에게 전문성이 높은 일을 시켜서 조직의 목표를 달성해야 하는 상황에서 가장 중요한 전술은, '대리인의 성과와 조직의 성과를 일체화시키는 것'이다. 가장 대표적인 사례가 전문 경영인들의 스톡옵션stock option이나 인센티브다. 그들은 회사에 많은 돈을 벌어다 준 공로로 많은 급여를 챙긴다. 만일 반대의 상황이 벌어졌을 경우에는 '임원은 임시직원'이라는 말처럼 과감하게 회사를 떠나야 한다. 주인 역할을 하는 사람들은 대리인들이 받은 권한을 이용해 자신이나 주변의 이익을 취하려고 하지 않는지 면밀하게 점검할 필요도 있다.

주기적으로 대리인들을 교체하는 대표들도 적지 않다. 업무를 위임받은 사람이 한번 관성에 젖으면 더 이상 도전적인 일을 하지 않는다고 보기 때문이다. 해마다 한국 언론들이 주요 대기업의 사장단 인사나 임원 임명을 보도하는 것도 같은 이유다. 사람을 채용하고 감축하는 행위를 통해 얼마나 혁신할 의지가 있는지 체크하는 것이다.

로봇과 플랫폼에 위임하는 시대

데이터 기술이 인간 노동을 대체하는 시대에는 로봇과 플랫폼에도 외주를 주게 된다. 한때 기계와 시스템의 힘으로 미래에는 인류 문명의 50퍼센트에 가까운 직업이 사라질 것이라는 예측도 있었다.

그러나 아마존에서 로봇을 도입한 후 발생한 인적 사고들을 보면 당장 인간 노동이 사라지지는 않을 듯하다. 로봇을 도입한 후 기대 성과를 높게 설정한 결과 로봇과 함께 일하는 인간 노동자들의 업무 부담도 높아진 역설적 상황이 발생했기 때문이다. 아마존에서 작업자가 다루는 물품 종류도 기존의 100개에서 400개로 대폭 늘어났으며, 대규모 할인 행사로 고객이 몰리는 '프라임데이'와 '사이버 먼데이'에는 작업자의 부담이 더욱 늘어나 사고 발생율도 높아질 수밖에 없다.[16]

　게다가 '로봇 노동자'는 소화하는 동선도 다양하고 사람의 움직임과 다른 동작을 취하기도 한다. 그 과정을 따라가는 사람이 겪는 물리적 부담은 만만치 않다. 만약 로봇 때문에 조직이 감당하는 성과가 낮아지면, 그로 인한 비용은 어떻게 해야 할까. 로봇은 사기를 치거나 기회주의적인 행동을 한 것도 아니므로 처벌할 수도 없다. 그렇다고 무작정 성능을 올릴 수도 없다. 그만큼의 추가적인 거래 비용이 필요하기 때문이다. 앞으로의 노동 시장에 대응하기 위해 깊이 고민해볼 문제다.

　각종 온라인 플랫폼을 통해 외부인의 도움과 업무 분담을 요청하는 긱 이코노미도 거래 비용 논란을 가져올 수 있다. 정말 유능한 사람이라고 생각해서 용역을 맡기기로 했는데, 기대했던 것보다 결과물이 좋지 않으면 책임은 누구에게 물어야 할까. 데이터를 충분히 공유하지 않은 플랫폼 업체일까, 아니면 계약 당사자일까, 그도 아니면 일을 맡긴 자신일까. 스마트 시대가 진행될수록 일의 경계를 설정하는 일은 더욱 중요해질 수밖에 없다.

경제는 경제학자 말만 들어서는 안 된다,
뒤플로

신문을 보고 금융 상품에 투자했다가 갑작스런 폭락으로 우울증에 걸렸다는 한 남자의 이야기를 읽은 적이 있다. 그는 꽤 많이 배웠고, 직업적으로도 성공한 사람이었다. 주변에 훌륭한 전문직이나 자산가도 많았다. 분명히 자신의 결정에 대해 묻고 시각을 교정할 기회가 많았을 것이다. 그럼에도 그는 실패했다.

그에 대한 여러 정보를 통해서도 그가 왜 잘못된 선택을 한 것인지, 결정적 원인은 찾기 어려웠다. 다만 그에게는 한 가지 특이한 요소가 있었다. 대학에서 경제학을 전공했다는 사실이었다. 그리고 그는 매체에서 경제 전문가들이 하는 이야기를 깊이 신뢰하고 있었다.

노벨 경제학상 수상자가 말한 나쁜 경제학자들

역사상 최연소 노벨 경제학상 수상자로 알려진 프랑스의 뒤플로Esther Duplo는 '경제학자들에게만 맡겨두기에, 경제학은 너무 중요하다'고 지적했다. 이 말은 1차 대전 당시 프랑스를 승리로 이끌었던 정치가 클레망소Georges Engéne Benjamin Clemenceau가 '전쟁은 군인들에게 맡기기에는 너무 중요하다'라고 한 것을 패러디한 것이다. 자신이 열심히 연구한 학문에 대해 자부심을 가져야 할 전문가가 이토록 비관적인 주장을 하게 된 배경은 무엇이었을까.

뒤플로의 주장은 '신문이나 방송에 등장하는 자칭 경제학자들 대부분이 자기가 소속된 집단, 이해관계자를 대변하는 경향이 강하다'는 것이었다. 여기에서 경제학자들이란 증권사의 투자분석가나 투자은행의 이코노미스트를 말한다. 그들은 논문을 쓰는 대학 교수들이나 시장에서 거래에 참여하는 사람들과 달리 매우 단정적이고 명쾌한 언변을 구사한다. 확신에 찬 표현과 주장은 일반인들이 의존하고 신뢰하기 좋다. 그리고 불확실성의 시대에 믿음직스럽다는 느낌을 주기도 한다.

하지만 이들은 독자들이나 시청자들 개개인이 어떤 포트폴리오에 투자하는지, 평소 근로소득은 어떠한지 등에 대해 일일이 신경 쓰지 않는다. 매체들도 그들에게 어떤 형태의 윤리적 책임도 부과하지 않는다. 그래서 장기적으로는 국민이 '경제학자라고 칭하는 사람들'을 불신하게 하는 계기를 제공하기도 한다.

뒤플로는 경제학자 불신의 또 다른 원인 중 하나로 그들의 예측 오류를 언급한다. 가령 국제통화기금IMF은 매년 세계 경제성장률 예측치를 발표한다. 실증 통계를 전공한 수많은 연구자가 지표 작성에 열중하지만 그대로 적중하지는 않는다.

영국《이코노미스트The Economist》는 2016년에 2000년부터 2014년까지의 기간 동안 발표된 경제성장률 예측과 실제 수치 간의 차이를 비교했다. 그 결과 기관의 전망치가 발표되고 나서 2년 후의 예측 오류가 평균 2.8퍼센트포인트였다.[17] 뒤플로는 '매년 4퍼센트라고 찍는 것과 거의 비슷한 수준'이라고 꼬집었다. 이처럼 예상과 다른 시장 데이터, 미처 살피지 못한 돌발 요소의 발생 등은 경제학자에 대한 신뢰를 떨어뜨리기에 충분하다.

나쁜 경제학자들 못지않게 불신을 사는 사람들은 실수하는 경제학자들이다. 2017년 온라인 여론조사 기관인 유고브Yougov가 여러 직업과 대중의 신뢰도 관계에 대해 조사한 결과 경제학자는 정치인 다음으로 꼴등이었다. 경제학자가 말하는 내용이 믿을 만하다고 응답한 사람은 25퍼센트에 불과했다.[18]

같은 이유로 영국이 유럽연합을 탈퇴하면서 실시한 국민투표에서 경제학자들이 경고한 내용은 대중에게 별로 의미 있게 다가오지 않았다. 뒤플로의 입장은 이것이다. '열심히 경제학자라고 약 팔면서 다닌 사람들 때문에 진짜 지표 작성과 연구에 몰입한 경제학자들까지 평가절하당하고 있다.'

경제는 경제학자에게만 맡길 수 없다

문제를 '나쁜 경제학자들'에게만 돌릴 수 있을까. 경제 현상에 개입되는 다양한 '비경제적 변수'들을 깊게 고민하지 못한 것은 아닐까. 한 나라의 시장을 운영하는 데에 가장 중요한 역할을 하는 정치인들과 정부 관료들은 건전한 경제 정책을 운영하고자 하는 동기 이외에도 다양한 이유로 시장에 개입한다.

가령 국회의원이 자신의 정치 이념을 실현하기 위해 새로운 법을 제정함으로써 경제에 영향을 미치는 경우가 있을 수 있다. '토지는 공유재'라는 개념에 바탕을 두고 다주택자에게 더 많은 세금을 물게 한다거나, 적정 가격 이상의 주택을 보유한 사람에게 높은 세금을 부과하는 방식이 대표적이다.

이 경우에는 세금을 부담할 여력이 있는 사람들에게 더 많은 돈을 거둬 가난한 사람들을 위해 쓴다는 경제적 명분뿐 아니라 특정 정당의 정치적 효용까지 달성하는 측면도 있다. 한국 외에도 미국, 일본, 러시아 등 수많은 국가의 정치인들과 지도자들이 자신의 이념적 믿음을 실천하기 위한 정책을 편다.

시장 참여자들의 인식에 영향을 미치는 언론에도 경제에 대한 책임이 있다. 그들은 수많은 광고주의 홍보비를 바탕으로 성장한 기업군이다. 따라서 공적 목적뿐 아니라 광고주의 사적 목적에도 어느 정도 기여해야만 하는 책임이 있다. 만약 광고비는 받으면서 광고주의 편의를 별로 봐주지 않는 언론사가 있다면,

회사로서 오래 가지 못할 것이다.

경제 문제를 다루는 시민 단체도 매우 중요한 역할을 한다. 그들은 주로 기업의 대주주나 정부 관료들의 도덕적 해이를 지적하면서 자신들의 사회적 입지를 다지고, 대중의 관심과 참여를 유도한다. 시민 단체들은 자신들과 밀접한 정치인에게 이념적으로 영향을 행사함으로써 경제의 명운을 좌우할 수도 있다. 기업들에 소위 쓴맛을 보여줌으로써 존재를 과시하기도 한다.

이처럼 경제 현상을 둘러싼 다양한 이해관계자들이 있음에도 경제를 경제학자들에게만 맡겨둘 일일까. 경제 전문가들이 정치인, 언론, 시민 단체 종사자 모두를 일일이 감시하고 올바른 경제 여론을 형성하도록 관리할 수 있을까. 사실상 불가능하다.

따라서 뒤플로는 경제성장률, 실업률, 경상수지와 같은 전통적 경제지표 이외에 경제와 관련된 다양한 사회적 지표들이 개발되고 수시로 논의되어야 한다고 주장한다. 경제에 영향을 미치는 수많은 이해관계자들의 구조와 동향을 분석하고 평가해야 한다는 것이다.

경제 외부의 것들에 집중하라

경제활동을 통해 지속적으로 부를 창출하기 원한다면, 앞으로는 경제 이외의 것들을 더 많이 읽고 공부해야 할지도 모른다. 가령 부동산 투자를 하기 위해서는 국토교통부와 한국은행이 어떤 정책을 개발하고 발표할 것인지 관심을 갖는 것뿐만 아니라 다양한 사회·문화적 지표까지 함께 들여다봐야 할 것이다. 동네의 문화적 분위기, 거주민들의 성향, 범죄 발생률이나 교통사고율 같은 지표들이 투자에 직접 영향을 미칠 날이 조만간 올 것이다.

경제학자들도 과거보다 훨씬 대중에게 친절해지려고 노력해야 한다. 그들이 하나의 분석 결과를 도출하기 위해 기울였던 노력, 모델을 설정하고 테스트하는 과정, 다른 경제 현상과 연결시켜 이끌어낸 결론에 대해 제대로 설명해야 할 것이다. 다가올 세상은 전문가라고 해서 무조건적인 신뢰를 보내지 않을 것이다. 경제는 경제학자에게만 맡길 수 없다는 것이 이미 증명되고 있기 때문이다.

인간은 잘 변하지 않는다는 사실에 주목하라, 노스

인간은 잘 변하지 않는 동물이다. 기존의 관성을 따르는 것만 큼 에너지 소모를 줄일 수 있는 방법이 없기 때문이다. 나이가 들어가면서는 더욱 변화를 거부한다. 섣불리 삶의 패턴을 바꿨 다가는 시간과 노력, 기회비용을 추가로 감당하거나 주변 사람 들로부터 은근한 조소나 비난을 받을 수도 있기 때문이다. 생각 이나 행동을 자주 바꾸는 사람은 '실없는 사람'으로 취급받기도 한다.

대단하지 않은 이유로 인간은 자신의 과거에 종속되는 경향 이 있다. 미국의 경제학자 노스Douglass Cecil North는 이것을 가리 켜 '경로 의존성Path Dependence'이라고 불렀다.

철도 레일 간격은 말 두 마리의 엉덩이 간격이었다

노스는 영국 산업혁명 이후 철도 레일의 간격이 정해지는 과정을 살펴보면서 경로 의존성의 무서움을 예증했다. 19세기 초중반 유럽과 미국에 깔린 철도 레일의 너비는 모두 4.85피트였다. 이 수치의 유래는 고대 로마 공화정 시대까지 거슬러 올라간다. 전투 시 두 마리의 말이 서로 방해받지 않고 달릴 수 있는 너비가 바로 4.85피트였고, 그렇게 말 두 마리의 엉덩이 사이 간격을 기준으로 이후 마차의 바퀴, 전차와 철도 레일의 간격이 정해졌다. 당시로서는 최첨단 기술에 해당하는 철도도 인류 문명의 오래된 고정관념을 따랐던 것이다.

또 다른 사례는 영문 키보드의 좌측 상단 자판 배열이다. 쿼티 QWERTY 자판은 유래에 여러 설이 있지만, 수동 타자기를 사용하던 시절 활자 막대가 엉키지 않도록 자판 치는 속도를 의도적으로 늦추고자 고안되었다고 한다. 훗날 다양한 형태의 키보드가 나왔고, 컴퓨터의 처리 능력도 여러 번 갱신되었지만, 자판 배열 순서는 좀처럼 바뀌지 않았다. 소비자가 이를 선호한다는 사실, 구매자의 경로 의존성에 깊게 구애받고 있는 것이다.

노스는 또 여러 국가의 제도, 문화와 경제성장의 관계를 역사적으로 연구했다. 가령 영국은 일찍부터 몇 차례 혁명을 통해 왕을 내쫓은 경험이 있었고, 다른 유럽 국가에 비해 상대적으로 사상의 자유가 있었으며, 개인 재산권 보호 원칙이 엄격했다.

자유화와 분권화는 영국이 산업혁명을 통해 최첨단의 자본주의 국가로 도약하는 데에 큰 역할을 했다. 열심히 노력하면 잘 살 수 있다는 믿음이 사회 안에서 깨지지 않았기 때문이다.

반면에 스페인, 포르투갈, 이탈리아 등은 왕이나 봉건 영주의 절대적 영향력이 매우 강했다. 국가가 개입해서 얼마든지 사유재산권을 침범할 수 있었다. 18세기 절대왕정 시기 프랑스는 개신교 신자들을 혹독하게 탄압해 네덜란드, 독일 등으로 내몰았다. 국가가 대규모 재정을 쓰는 사업에 골몰한 결과 국부 파탄 현상이 일어났고, 결국 시민혁명으로까지 이어졌다.

제도와 문화의 경로 의존성은 영국, 스페인, 프랑스가 신대륙 식민지를 운영하는 관점과도 밀접한 관계가 있었다. 영국의 폭넓은 재산권 보장은 식민지로 이주한 영국인들이 다양한 방식으로 대륙을 개척하는 인센티브 역할을 했다. 집권적 관료 문화, 세수 증대와 재산 몰수 관행 등 왕이나 지주 위주의 경제였던 스페인의 경우와 대비된다. 결국 수십 년에 걸친 대륙 점유 경쟁에서 스페인, 프랑스 등은 영국에 밀려날 수밖에 없었다.

개인 상거래에도 경로 의존성은 유효하다

노스가 주장한 경로 의존성 개념은 개인 간에 이루어지는 상거래에도 매우 유효하다. 대부분의 사람들은 자신이 태어나고

자란 지역과 사회 문화 환경에 많은 영향을 받는다. 따라서 경제적 선택을 할 때도 합리성과는 별개로 오래된 정신 문화적 배경에 구애받는다.

최근의 경제사회학 연구들은 금융 거래를 할 때 당사자가 쌓은 인맥, 문화 자산, 소통 기술과 같은 것들이 이자율 등의 조건을 좌우한다고 밝히고 있다. 출신 학교가 커뮤니티에서 중요한 배경으로 작동하는 우리 사회도 예외는 아니다.

친분이 있는 누군가가 소개하거나 인·보증을 서는 경우에는 잘 모르는 사람이라 하더라도 도와주는 사례들이 있다. 이 경우에도 경로 의존성이 중요한 역할을 했다고 볼 수 있다. 거래의 상대방을 사회에서 갑자기 만났다면 그를 검증하고 파악하는 데에 시간이 들어가고, 그 과정에서 탈락시킬 수도 있다. 하지만 가장 신뢰하는 사람, 오랫동안 평판이 검증된 사람이 의미있는 신호signal를 보내면, 그를 믿고 의지했던 대로 생판 남에게도 살뜰한 배려를 할 수 있다. 그가 보증한 만큼 위험이 줄었다고 여기기 때문이다.

사회적 문제가 된 '사모펀드Private Equity Fund' 사태의 한가운데에서 고위 공무원 출신 고문들이 중요한 이해관계자로 나온 것도 비슷한 맥락이다. 우리 사회가 경로 의존성에 깊게 구속되어 있다는 것을 노려 검증 가능한 사람들의 이력을 '전시용'으로 이용해 전면에 내세우고, 나중에는 그들이 남을 설득하게 한 것이다.

사회를 유지시키는 경로 의존성의 이면

경로 의존성은 인간 사회를 지탱해주는 힘이기도 하다. 베버가 말한 개신교 정신이 대표적인 경로 의존성 사례다. 미래를 위해 현재의 욕망을 절제하고, 힘과 자산을 끊임없이 축적하는 습관이 지도층들에 의해 정착되면 부강한 공동체가 만들어진다.

경제 시스템을 떠받치는 엘리트들의 행동을 해석할 때도 경로 의존성 개념이 유용하다. 그들은 오래된 전통과 문화에 근거해 자신의 이익을 지키는 기득권층이다. 비슷한 사람들끼리 이해관계를 맺고, 친목 관계로 어울린다. 하지만 엘리트들은 이익을 나눌 뿐만 아니라 공통의 믿음에 기초한 윤리를 나누는 사람들이기도 하다. 그들은 매우 세밀하게 설계된 평판 시스템을 통해 반사회적인 사람들을 걸러내고, 더 이상 내부 조직에 진입하지 못하도록 차단한다.

노스는 경로 의존성 이론을 바탕으로 건강한 혁신과 진보의 가능성에 대해서도 살펴봤다. 새로운 기회를 추구하고 도전을 격려해온 역사가 있는 사회에서는 창업자, 벤처 투자자와 같이 위험에 개방적인 사람들이 많이 배출된다. 그들은 돈을 벌기 위해 새로운 일을 벌이지만, 훌륭한 인간이 되고자 하는 자아실현의 욕구도 강한 사람이다. 위험에 열려 있는 선도자들이 많이 나올 수 있도록 경제 운영을 하는 주체들이 알맞은 시스템을 설계해줄 필요가 있다. 국가뿐만 아니라 기업, 마을과 같은 공동체에도 적용되는 덕목이다.

앞으로 우리는 더 나은 삶을 위해 '좋은 경로'를 만들어내고, 전통과 습관으로 정착시켜야 한다. 그동안 우리 사회는 실용주의를 과신한 나머지 변칙과 편법에 취약한 공간이었다. 그 결과 경제적으로는 부유하지만 상호 신뢰 수준은 너무 낮다는 비판을 받고 있다. 스스로가 일상 공간에서 '나쁜 경로'를 만들어내고, 다양한 이유로 그것을 지지하는 변화의 저항 세력이 되고 있는 것은 아닌지 깊이 점검해볼 일이다.

에필로그

— 외부 환경에 휘둘리지 않고 나만의 영토를 만들자

'생산적 의심을 키우는 훈련을 하자'는 제안에서부터 '인간은 잘 변하지 않는다'는 이야기에 이르기까지, '어른의 교양'을 위한 30단계의 여행을 거쳐온 소감이 어떠신가.

아마 몇몇 주제들은 필자의 일방적 해석이라고 보는 분도 계실 것이고, 너무 단정적인 이야기가 아니냐고 거부감을 가질 분이 있을지도 모르겠다. 그렇지만 평소 '무플'보다는 '악플'이 훨씬 낫다는 신념을 갖고 있는 입장이기에 비판에 대해서도 깊은 감사를 드린다. 그 또한 우리가 지적으로 독립하기 위해 어떤 생각 기술을 가져야 하는가를 고민한 토론 과정이라고 믿기 때문이다.

모든 사람은 자기만의 판단, 취향, 관점을 바탕으로 살아갈 능력과 잠재력이 있다. 하지만 나이를 먹고 오랫동안 외부 환경을 경험하면서 스스로의 생각을 은연중에 억누르고 봉쇄해 온 것은 아닌지 돌이켜볼 필요가 있다. 어떤 부분은 '다수의 의견' '대세' '권위자의 의견'이라는 명분으로 타협하기도 했을 것이다.

후천적, 사회적으로 만들어진 욕망을 자신의 욕망이라고 착각하는 이들도 꽤 된다. 정말 똑똑하고 민첩하고 재치 있는 사람은 많지만, 자기만의 삶에 자부심을 느끼고 용기 있게 살아가는 사람은 정말 드물다.

미디어와 SNS가 더욱 그런 경향을 부추기고 있다고 본다. 인스타그램을 통해, 페이스북을 통해, 또는 각종 플랫폼을 통해 남의 이미지를 모방하고, 편집하고 또 그 위에 내 이미지를 세우는 과정에서 공허함과 인지 부조화도 함께 몰려드는 것은 아닐까. 연예인이 언제나 대세일 수 없듯이 대부분의 사람들도 언제나 '핫'할 수는 없는 법이다.

우리는 인생이라는 무대에서 누군가에게 인정받고 박수받을 때보다 그렇지 못한 때가 훨씬 더 많은 배우들이다. 그 순간순간을 좌절과 열패감으로만 보낸다면 삶은 더욱 어둡게 느껴지고 우울해질 수밖에 없다.

타인의 '좋아요'와 '구독'을 통해서만 얻어지는 '인정 자본'이 아니라 나 자신에 대한 깊은 공부와 어른다운 생각을 통한 '성찰 자본'을 키워가야 할 때다. 스스로를 제대로 관찰하고 분석하는 연습, 깊은 고민을 통해 새로운 것을 직접 만들어내는 훈련을 바탕으로 새 기회를 찾아 나서야 한다. 나 자신을 마음 푸근하게 해주는 공동체를 찾기 힘든 시대이기에, 어떤 조직도 나에게 안전함을 보장하지는 않기에, 스스로 무장하고 일어서야만 한다.

외부 환경에 휘둘리지 않고 나만의 '영토'를 만드는 일. 이것은 갑작스런 코로나로 많은 것들이 멈추고 억제되는 경험을 한 현재의 인류에게 무엇보다 큰 숙제로 남겨진 일이다. 이것이 '남과 다르게 생각하는 법(철학)' '새로운 콘텐츠를 만드는 법(예술)' '똑같은 실수를 반복하지 않는 법(역사)' '사람의 마음을 얻는 법(정치)' '인간의 심리로 부의 흐름을 읽는 법(경제)'을 내달아 쓰게 된 계기다.

필자는 스스로 '혁명가 기질이 있다'고 허풍을 치고는 한다. 이 책도 독자 여러분과 함께 새로운 혁명을 도모하기 위한 또 하나의 채널이다. 진심을 담은 말과 글이 세상을 바꾸는 큰 원동력이 될 것이라고 언제나 믿는다.

철없는 글쟁이에게 좋은 기회를 허락해주신 김영곤 21세기북스 대표님, 양으녕 팀장님, 김다미 선생님, 김찬성 선생님께 감사를 드린다. 아울러 말과 글의 큰 스승이신 이한우 선생님, 날카로운 비평과 지적을 해주신 전영기 《시사저널》 편집인님께도 감사드린다. 최진석 서강대학교 명예교수님께서는 늘 필자에게 많은 격려와 자극이 되는 분이다. 귀한 생각의 씨앗을 던져주신 데에 한없는 감사를 드린다.

무한한 빚을 진 아내와 필자보다 더 나은 세월을 살아갔으면 하는 어린 아들에게 두려움으로 이 책을 바친다.

참고문헌

1. 각묵스님 역, 『디가니까야 2』, 초기불전연구원, 2006.

2. 김호정, "요요마 '남북한 경계에서 바흐 연주하고 싶다'", 《중앙일보》, 2018.08.12.

3. Christoph Wolff et al., *The New Bach Reader*, W. W. Norton & Company, 1998.

4. 마틴 게이퍼드, 주은정 역, 『다시, 그림이다』, 디자인하우스, 2012.

5. 가의, 박미라 역, 『신서』, 소명출판, 2007.

6. 같은 책.

7. 같은 책.

8. 이한우, 『논어로 논어를 풀다』, 해냄, 2012.

9. AFP, "Emmanuel Macron, ovni politique 'ni de droite ni de gauche'", *Le point*, 2017.04.23.

10. 김성탁, "마크롱의 뚝심 통했나… 프랑스 실업자 감소 20년래 최대", 《중앙일보》, 2017.10.25.

11. 한준엽, "토니 블레어, 노동 계급 배반했는가", 《시사저널》, 1999.02.18.

12. 애덤 스미스, 박세일·민경국 역, 『도덕감정론』, 비봉출판사, 2014.

13. 이근식, 『자유주의 사회경제사상』, 한길사, 1999.

14. Oscar Williams-Grut, "The ECB says Twitter can predict the stock market", *Business Insider*, 2015.07.22.

15. 조귀동, "정의선의 역발상, 中서 '1년 내 실직하면 車 되사드립니다'", 《조선비즈》, 2020.04.05.

16. 이영완, "로봇 도입 후 아마존 인적 사고 두 배 증가", 《조선일보》, 2020.10.05.

17. "A Mean Feat", *Economist*, 2016.01.09.

18. 김은광, "'포스트 팩트' 시대, 싱크탱크는 살아남을까", 《내일신문》, 2019.05.31.

KI신서 9555

어른의 교양

1판 1쇄 발행 2021년 2월 10일
1판 3쇄 발행 2021년 3월 30일

지은이 천영준
펴낸이 김영곤
펴낸곳 ㈜북이십일 21세기북스

출판사업부문 이사 정지은
인문기획팀 양으녕 최유진
교정교열 김찬성 **디자인** this-cover.com
마케팅팀 배상현 이나영 한경화 김신우
영업팀 김수현 최명열
제작팀 이영민 권경민

출판등록 2000년 5월 6일 제406-2003-061호
주소 (10881) 경기도 파주시 회동길 201 (문발동)
대표전화 031-955-2100 **팩스** 031-955-2151 **이메일** book21@book21.co.kr

ⓒ 천영준, 2021
ISBN 978-89-509-9398-6 03100